www.ingramcontent.com/pod-product-compliance
Lightning Source LLC
LaVergne TN
LVHW050752051026
849532LV00008B/2842
9789369081431

کچھ باتیں کچھ یادیں

(خاکے)

ستیہ پال آنند

Kuch baateiN, kuch YaadeiN *(Khaake)*
by: Satyapal Anand
Edition: August '2025
Publisher :
Taemeer Publications LLC (Michigan, USA / Hyderabad, India)

ISBN 978-93-6908-143-1

کتاب	:	**کچھ باتیں کچھ یادیں** (خاکے)
مصنف	:	**ستیہ پال آنند**
پروف ریڈنگ / تدوین	:	سید حیدرآبادی
صنف	:	خاکے
ناشر	:	تعمیر پبلی کیشنز (حیدرآباد، انڈیا)
سالِ اشاعت	:	۲۰۲۵ء
صفحات	:	۸۸
سرورق ڈیزائن	:	تعمیر ویب ڈیزائن

فہرست

۱

نام ہے جس کا بشر اس میں ہے شر دو بٹے تین

داغ دہلوی کے شاگرد، جوش ملسیانی، جالندھر ضلع کے ایک گاوں ملسیاں میں پیدا ہوئے تھے۔ یہ بات الگ ہے کہ داغ دہلوی کے شاگردوں کی جو فہرست مرتب کی گئی ہے اس میں ان کے نام کے ساتھ سوالیہ نشان لگا ہوا ہے۔ لیکن جوش مرحوم کے نکودر کے مکان کی بیٹھک میں ان کے ہاتھ سے لکھی ہوئی ایک غزل اور اس پر داغ کی تصحیح کی تصویر دیوار پر آویزاں تھی، جس سے یہ اندازہ ہوتا ہے کہ زیادہ نہیں تو کم از کم ایک غزل پر داغ دہلوی نے انہیں اصلاح سے نوازا تھا۔

جوش ملسیانی پچاس سے ساٹھ تک کی دہائی میں ایک ایسے استاد تھے جن کے شاگرد پنجاب میں تو تھے ہی، لیکن پنجاب نژاد وہ لوگ بھی تھے جو دہلی اور اس کے قرب وجوار میں آباد تھے۔ ان کی بیٹھک میں ہفتہ وار نشستیں جمتی تھیں جن میں اس ہفتے کی طرحی غزلیں سنائی جاتی تھیں۔ وہ مشکل قوافی اور ردیفیں مصرع طرح میں ایسے جڑتے تھے کہ حیرت ہوتی تھی۔ (پریم وار برٹنی اور میں نے بھی ایک زمین میں طبع آزمائی کی تھی، جس کی ردیف تھی: 'دو بٹا تین'! لیکن ہمارا نتیجہ ہمت افزا نہیں تھا)

ہم دونوں نے کبھی جوش ملسیانی کے سامنے زانوئے تلمذ تہ نہیں کیا۔ جوش صاحب نظم نہیں لکھتے تھے اور ہم دونوں نظم کے شاعر تھے۔ لیکن انہوں نے ہمیں اپنے حلقے میں قبول کیا تھا کہ وہ سمجھتے تھے کہ ہم جو کچھ لکھ رہے ہیں، وہ روایتی غزل سے بدرجہا بہتر ہے۔ آزاد نظموں کو ناپسند کرتے تھے اس لیے پریم اور میں ہمیشہ ان کی محافل میں پابند نظمیں یا مسلسل غزل کے فارمیٹ میں لکھی ہوئی نظمیں ہی پیش کرتے تھے۔

ہوتا یہ کہ پریم شام کو چوک گھنٹہ گھر لدھیانہ میں پہنچ جاتے۔ میرے ساتھ چلتے۔ ان کے پاس سوائے پہنے ہوئے کپڑوں اور ایک بیاض کے اور کچھ نہ ہوتا، اور وہ صبح کو نہانے کے عادی بھی نہیں تھے اور شاید دانتوں کے برش سے بالکل ناآشنا تھے۔ اس لیے رات پینے کے بعد میرے اقبال گنج کے گھر کی بیٹھک میں کاؤچ پر سو جاتے۔ صبح اٹھ کر، منہ ہاتھ دھو کر اور ناشتے سے فارغ ہو کر میرے ساتھ بس اڈے کی طرف چل پڑتے۔ بس اڈا بھی چوک گھنٹہ گھر کے قریب سبزی منڈی کے ساتھ ہی منسلک تھا۔ وہاں سے ہم نکودر کی بس پکڑتے اور یہ بس ہمیں بیس پچیس میل کا راستہ ایک گھنٹے میں طے کرنے کے بعد نکودر لا پٹختی۔

ہم لوگ پیدل چلتے ہوئے ہی جوش صاحب کے مکان تک پہنچ جاتے۔ بیٹھک کا دروازہ ہمیشہ نیم وا ہوتا، لیکن اس پر پردے کی صورت میں اور دھول سے بچنے کے لیے ایک چق پڑی ہوتی۔ ہم لوگ چق اٹھا کر اندر داخل ہوتے۔ عموماً ہم جوش صاحب کو گاؤ تکیے کے سہارے دری اور سفید براق چادر کے فرش پر، سامنے اندرون گھر کے دروازے کے ساتھ بیٹھا ہوا دیکھتے۔ ہم لوگ آداب بجا لاتے۔

جوتے اتارتے اور ادب سے بیٹھ جاتے۔ ایک دو اصحاب پہلے ہی پہنچے ہوئے ہوتے۔ ہم دونوں کو دیکھ کر جوش صاحب کی آنکھیں جیسے چمک اٹھتیں۔ وہیں سے اندر دروازے کی طرف رخ کر کے آواز دیتے، 'ارے بھائی کچھ شربت وربت لاؤ، لدھیانہ سے دو نوجوان شاعر آئے ہیں۔' جوش صاحب چائے سے پرہیز کرتے تھے اور چائے پیش بھی نہیں کرتے تھے۔

محفل جمنا شروع ہو جاتی۔ جالندھر اور ہوشیار پور سے بھی ہمیشہ کچھ اصحاب حاضر ہوتے تھے۔ کچھ شاگردان تحفے بھی لاتے۔ پھل، خشک میوے، نئے فاؤنٹین پین۔ مٹھائی، لڈو وغیرہ تو وہیں بانٹ دیے جاتے، لیکن دیگر تحائف وہ اندر بھجوا دیتے۔ سوہن حلوہ بہت پسند کرتے تھے اس لیے کچھ شاگردان کسی مقامی حلوائی سے ایک سیر کا ڈبہ لاتے تو سب کو تھوڑا تھوڑا بانٹ دیا جاتا۔ آنے والوں میں کئی نام تھے جو آج تک یاد ہیں، آزاد گورداسپوری، تلک راج تشنہ، ہر بھگوان شاد، دینا ناتھ فاضل، ہماہر نالوی، ۔۔۔ کبھی کبھی جوش صاحب کے فرزند اور مشہور شاعر بالمکند عرش ملسیانی بھی دہلی سے تشریف لاتے۔ دہلی میں وہ جوش ملیح آبادی کی ادارت میں شائع ہونے والے مرکزی حکومت کے اردو رسالے 'آجکل' میں سب ایڈیٹر تھے۔ ان کے ساتھ ساحر ہوشیار پوری بھی ہوتے تو مزہ دوچند ہو جاتا۔ 'ساحر' تخلص کے گنہ گار دو اور اشخاص بھی تھے۔ ایک ساحر کپور تھلوی تھے جو ہمیشہ نشے میں مدہوش رہتے تھے۔ ایک ساحر سنامی تھے جو تحصیلدار تھے اور بڑے ٹھاٹ باٹ سے آتے تھے، ان کے ساتھ ایک باوردی اہلکار بھی ہوتا تھا۔

جوش صاحب اپنی پشت پر دیوار کے ساتھ ایک لمبی چھڑی رکھتے تھے۔ یہ

چھریری سی، دراز قد چھڑی کسی شہتوت سے کاٹی ہوئی تھی اور اب اپنی رنگت کھو چکی تھی۔ جب کوئی شاگرد وزن سے خارج شعر پڑھتا تو اس کی طرف، خشمگیں نظروں سے نہیں، شفقت کی نظروں سے دیکھتے، چھڑی کو کھینچ کر نکالتے اور اس شاگرد کے ٹخنے پر ہلکی سی چوٹ لگاتے۔ کس کی مجال تھی کہ کوئی ہنسے؟ سب رعبِ ادب سے خاموش بیٹھے رہتے۔

میرا اندازہ ہے کہ کل ملا کر پریم صاحب اور میں جوش صاحب کے نیاز حاصل کرنے کے لیے پندرہ بیس بار گئے ہوں گے۔ اس دوران میں ہمیں جالندھر کے اردو اخباروں سے وابستہ جوش صاحب کے شاگرد پہچاننے لگے کہ یہ دونوں مختلف قسم کے شاعر ہیں۔ ان میں ہر بھگوان شاد اور ہماہر نالوی تھے جو دو الگ الگ اخباروں میں سب ایڈیٹر تھے۔ اپنے سنڈے ایڈیشن کے شعری کالموں کے لیے انہوں نے ہم سے اصرار کرنا شروع کیا کہ ہم بھی اس میں شامل ہوں۔ پریم تو ہمہ وقت تیار تھے البتہ تب تک مجھے اپنے نام کی اہمیت کا احساس ہو چلا تھا اور یوں بھی میں ان نشستوں میں کچھ سیکھ نہیں سکتا تھا، اس لیے میں نے ہمیشہ ٹال مٹول سے کام لیا اور سنڈے ایڈیشنوں میں شرکت کو اپنے ادبی قد سے کمتر سمجھا۔

چھ سات بار ان کے دولت کدے پر محافل میں شریک ہونے کا ایک فائدہ یہ ہوا کہ صنف غزل سے میری بیزاری اگر پہلے پچاس فی صد تک تھی اب بڑھ کر سو فی صد ہو گئی۔ پریم تو اس کے بعد بھی غزلیں کہتے رہے، کیونکہ مالیر کوٹلہ کے ہی کچھ مبتدی شاعران سے غزلیں لکھوا کر کچھ معاوضہ دیا کرتے تھے، لیکن میں نے تو جیسے توبہ کر لی کہ اپنے استاد منشی تلوک چند محروم کی ہدایت کے باوجود میں مشاعروں میں

پڑھنے کے لیے غزل کے اشعار موزوں کرنے سے باز نہیں آتا، جس واقعے نے ہم دونوں کی طبیعت کو مکدر کیا، وہ یہ تھا۔ جوش صاحب نے ایک مصرع طرح اپنے شاگردوں کو دیا کہ ان کی بیٹھک میں سالانہ مشاعرہ کے لیے اس پر غزلیات لکھ کر لائیں اور یہ بھی ارشاد فرمایا کہ سب سے اچھی غزلوں پر شہر کے ایک رئیس دو دو سو روپے کے تین انعامات دیں گے۔ پریم تو جھٹ پٹ تیار ہو گئے، اور چونکہ شراب کے ایک آدھی بوتل کے بعد ان کی طبیعت کو موزوں ہونے میں دیر نہیں لگتی تھی، جوش صاحب کے گھر سے نکلنے کے بعد اور بس کے اڈّے سے ملحقہ 'ٹھیکہ شراب دیسی' سے سنگترہ مارکہ شراب کا ادھا خرید کر، اور وہیں بیٹھ کر پینے کے بعد بس میں ہی انہوں نے دونوں قوافی پر اپنی غزلیں مکمل کر لیں۔

ایک مصرع طرح یہ تھا:

جس کو کہتے ہیں نڈر، اس میں ہے ڈر دو بٹے تین

قافیہ: ڈر، بر، ہر، گھر، وغیرہ۔۔۔ ردیف: دو بٹے تین۔

دوسرے مصرع طرح میں ردیف کو نہیں بدلا گیا تھا، لیکن قافیہ بدل دیا گیا تھا۔ قافیہ

تھا: دم، غم، ہم، رم وغیرہ

پہلے مصرع طرح میں جوش ملسیانی کی اپنی غزل کے تین اشعار میرے پاس اب تک لکھے ہوئے ہیں۔

راگ میں آگ ہے پوشیدہ مگر دو بٹے تین

نام ہے جس کا بشر اس میں ہے شر دو بٹے تین

ملک الموت سے دنیا میں ہراساں نہیں کون
جس کو کہتے ہیں نڈر اس میں ہے ڈر دو بٹے تین
فی صدی صد نہیں امید بر آنا، لیکن
دیکھ لو سو کے عدد میں ہے صفر دو بٹے تین

دوسرے قافیہ پر کہی گئی پریم وار برٹنی کی غزل پر انعام تو نہیں دیا گیا لیکن اس کو بھی سراہا گیا۔ جوش صاحب نے یہاں تک کہا کہ پریم کی غزل ان کے پائے کی غزل سے کم نہیں ہے۔ مجھے اس کے بھی کچھ اشعار یاد ہیں۔

فکر کیا ہند میں بھوکے ہیں جو ہم دو بٹے تین
دیکھئے، آپ شکم میں بھی ہیں کم دو بٹے تین
ناتوانی سے چلا ہی نہیں جاتا ظالم
کیا کریں ہم کہ قدم میں بھی ہے دم دو بٹے تین
میری فریاد سے پتھّر بھی پگھل جاتے ہیں
اور ادھر میرے صنم میں بھی ہے نم دو بٹے تین

ایک امر جو قابل ذکر ہے، وہ اسی زمانے میں مطبوعہ جوش ملسیانی صاحب کی 'شرح دیوان غالب' کے بارے میں ہے۔ اسے پنجاب یونیورسٹی نے ادیب فاضل کے امتحان کے لیے امدادی کتب کی فہرست میں رکھا ہوا تھا۔ میں نے بھی ایک جلد خرید رکھی تھی۔ کچھ دیگر شارحین کی شرحیں بھی میرے پاس تھیں، خصوصی طور پر حیدر آباد دکن سے چھپی ہوئی نظم طباطبائی کی شرح جو میرے ادبی دوست شاذ تمکنت نے مجھے بھجوائی تھی۔ یہ شرح جوش صاحب کی شرح سے بہت پہلے چھپی

تھی۔ کچھ اشعار کی شرحوں کے تقابلی مطالعے سے یہ صاف ظاہر ہوتا تھا کہ جوش صاحب غالب کی استعارہ سازی کی مدوریت اور ملفوفیت کو پوری طرح اس لیے نہیں سمجھتے تھے کہ وہ اسلامی عقیدوں کو بہ احسن وخوبی نہیں جانتے تھے اور اپنی مرضی سے غالب کے اشعار کے ساتھ اپنی شرح کو منسلک کر دیتے تھے۔ مجھے حیرت بھی ہوئی اور افسوس بھی ہوا کہ ایک استاد شاعر کیسے ان فروگذاشتوں کا مجرم ہو سکتا ہے۔ پریم سے رائے مانگی تو اس نے کہا، تم بیشک کسی دن محفل میں ذکر کرو کہ تم نے نظم طباطبائی کی شرح میں ایک شعر کے معنی اس طرح دیکھے ہیں اور کیا جوش ملسیانی صاحب ارشاد فرمائیں گے کہ ان کی شرح میں معنی مختلف کیوں ہیں؟

میں نے (وکالت کی زبان میں) اپنے 'کیس' کا 'بریف' پوری طرح تیار کیا اور ایک دن غالب کے بارے میں بات چیت کرتے ہوئے میں نے یہ شعر پڑھا۔

تیرے ہی جلوے کا ہے یہ دھوکا کہ آج تک
بے اختیار دوڑے ہے گل در قفائے گل

میں نے کچھ دیگر شارحین کی کتابوں میں بھی مصرع ثانی میں 'گل' کی تکرار کا جواز تلاش کر لیا تھا۔ سبھی شارحین تو متفق نہیں تھے، لیکن بیشتر کا موقف یہ تھا کہ جس 'گل' کے دوڑنے کا اشارہ ہے، اس سے مراد "چراغ کی بتی یا ماچس کی تیلی کا جلا ہوا یا جلتا ہوا سرا" ہے۔ ایک شارح نے تو 'گل' سے مراد یہ لی تھی کہ یہ وہ نشان ہے جو دھات گرم کر کے جسم پر دیتے ہیں۔ اور سحر کا شعر بھی پیش کیا تھا، 'کیا حرارت ہے مری نبض میں سوز غم سے : ہاتھ پر گل تیرے چھلّوں کے ہیں مرجھائے ہوئے۔ مطلب یہ ہوا کہ بجھتی ہوئی شمع کی طرح پھول کی زبان میں (قفا' زبان یا

'گدّی' کو کہتے ہیں) اس کا 'گل' دوڑ رہا ہے (کہ کہاں شرم سے منہ چھپائے) کیونکہ تیرے (معشوق کے) جلوے نے اسے یہ دھوکا دیا ہے۔(کہ معشوق کے جلوے کے مقابلے میں وہ ہیچ ہے)

جب میں نے یہ شعر پڑھا تو موصوف (جوش صاحب) نے اندر سے اپنی تحریر کردہ شرح منگوالی۔ شعر نکالا اور اس کی شرح جوں کی توں پڑھ دی اور میری طرف سوالیہ نظروں سے دیکھا۔ میں نے عرض کیا، "نظم طباطبائی کی شرح میں۔۔۔"

ابھی میں کچھ اور کہہ بھی نہ پایا تھا کہ موصوف نے مجھ سے پوچھا، 'نظم طباطبائی ؟' جیسے وہ 'نظم' بطور تخلص اور 'نظم' بطور صنف سخن میں تمیز نہ کر پائے ہوں۔

اور پھر جیسے سمجھ کر کہا، 'کئی لوگ ہیں شرحیں لکھنے والے ! میں نے تو ان کا نام بھی نہیں سنا۔ ہوں گے کوئی، نظم طباطبائی !' انہوں نے چبا چبا کر یہ نام لیا، اور پھر آخری جملہ کسا، 'ہندوستان بھرا پڑا ہے غالب شناسوں سے !!'

اس کے بعد پریم صاحب اور میں نے ان کی 'زیارت' کی خاطر جانا بند کر دیا۔ سوچا جو شخص جیتے جی قبر میں دفن ہو، اس سے ہمارا کیا لینا دینا!

***

۲

منشی تلوک چند محروم

یہ ۴۵-۱۹۴۴ء کا زمانہ تھا۔ میں ابھی مشن ہائی اسکول راولپنڈی میں نویں جماعت کا طالب علم تھا۔ ڈی اے وی کالج کے مشاعرے میں منشی تلوک چند محروم کو سننے کے ایک ہفتہ بعد میں اپنا بستہ ہاتھوں میں اٹھائے ہوئے سیدھا گورڈن کالج جا پہنچا کالج ہمارے اسکول سے صرف آدھ میل دور تھا۔ اونچے آہنی پھاٹک سے اندر جاتے ہوئے میں بالکل نہیں جھجکا۔ دائیں بائیں نظر دوڑائی۔ مجھے علم تھا کہ پروفیسر صاحبان اس کمرے میں بیٹھتے ہیں جس کو اسٹاف روم کہا جاتا ہے۔ میں کنکریٹ کی بنی ہوئی چھ سات سیڑھیاں چڑھ ہی رہا تھا کہ ایک چوکیدار نے مجھے روکا

"لڑکے، کس سے ملنا ہے؟"

"پروفیسر تلوک چند محروم سے!" میں نے بغیر کسی ہچکچاہٹ کے جواب دیا۔ میں نے یہ بعد میں سوچا، 'میں نے منشی تلوک چند محروم نہیں کہا۔ پروفیسر تلوک چند محروم کہا ہے۔'

چوکیدار نے لان کی طرف اشارہ کرتے ہوئے کہا، "وہ سامنے بیٹھے ہیں محروم صاحب۔۔۔ دھوپ میں اخبار پڑھ رہے ہیں۔ ان کے رشتہ دار ہو؟"

میں بغیر کچھ کہے اس طرف کو ہو لیا۔ دھیرے دھیرے چلتا ہوا پاس جا کر کھڑا ہو گیا۔ انہوں نے کلاہ پر بندھی ہوئی اپنی لنگی پاس پڑے ہوئے میز پر رکھ دی تھی۔ سر کے بال چھدرے تھے لیکن چہرے پر بشاشت تھی اور دھوپ کی حدت سے کہیں کہیں پسینے کے قطرے ابھر آئے تھے۔ جب بزرگ شاعر کو احساس ہوا کہ ان کے حصے کی دھوپ میں کچھ رخنہ پڑ گیا ہے، تو انہوں نے اخبار سے نظریں اٹھائیں۔

"جی، سر نمستے ---- میں آپ کے نیاز حاصل کرنے چلا آیا ---" 'آداب عرض' کہنے کا آداب ابھی نہیں سیکھا تھا میں نے۔

انہوں نے میرے لڑکپن کے بے داغ چہرے کو دیکھا، پھر پوچھا، "کہاں پڑھتے ہو؟"

"جی، مشن ہائی اسکول میں --- ہائی کلاس میں ---" اور پھر ہمت بٹور کر کہا، "کل آپ کو اور آزاد صاحب کو ڈی اے وی کالج کے مشاعرے میں سنا، تو سوچا، مجھے آپ کے نیاز حاصل کر کے کچھ سیکھنا چاہیے ---"

مسکرائے۔ کہا، "تو شاگردی کے لیے آئے ہو؟ برخودار، کسی سے پوچھ تو لیتے --- میں شاگردی استادی میں یقین نہیں رکھتا'۔ پھر کچھ سوچ کر بولے، "ہاں، کبھی کبھی ملتے رہو تو کوئی ہرج نہیں ہے --- ذرا دھوپ چھوڑ کر کھڑے ہو جاؤ --- کرسی تو کوئی نہیں ہے، گھاس پر ہی بیٹھ جاؤ۔"

میں بیٹھ گیا، اپنا بستہ کھول کر اپنی غزلوں کی کاپی نکالنے لگا، تو محروم صاحب کے ہونٹوں پر ایک پر اسرار مسکراہٹ نمودار ہوئی۔ "یہ تو بتاؤ، برخوردار، کیا تمہیں علم ہے، یہ جملہ 'دھوپ چھوڑ کر کھڑے ہو جاؤ' کہیں تاریخ کے اوراق میں پہلے بھی نظر

آیا ہے تمہیں؟"

"جی۔۔۔" میں نے ذہن پر زور دیے بغیر کہا، "یہ وہ جملہ ہے جو یونانی فلسفی دیو جانس کلبی نے اسکندر اعظم سے کہا تھا!"

خوش ہوئے، لیکن کچھ چیں بجبیں ہو کر بولے، "اسکندر کیوں کہتے ہو، سکندر کیوں نہیں؟"

"اردو میں اسکندر ہی کہتے ہیں، سر!"

"غلط کہتے ہیں.." فرمایا۔ "صوبہ جات متحدہ یو پی والے کوئی بھی وہ لفظ 'س' سے شروع نہیں کر سکتے اس لیے 'الف' پہلے ٹانک دیتے ہیں۔ تم تو پنجابی ہو، 'سکندر' بخوبی کہہ سکتے ہو۔"

"جی۔۔۔" میں کچھ ہچکچایا، منشی تلوک چند محروم سے بحث؟ اور اس بحث میں اختلاف کی جرات؟ میں کیا کر رہا ہوں یہاں بیٹھا ہوا؟ لیکن پھر بھی میں نے مزید ہمت بٹور کر کہا،

"اہلِ زبان کی پیروی تو ضروری ہے، سر!"

پھر چیں بجبیں ہوئے۔ "کس نے کہا، ضروری ہے۔ اگر صحیح تلفظ سکندر ہے تو بصد شوق سکندر کہو۔ یو پی والوں نے کیا اردو کا ٹھیکہ لے رکھا ہے؟"

میں اپنی کاپی نکال ہی رہا تھا کہ انہوں نے کہا، "مجھے کچھ مت دکھاؤ۔ میں اصلاح نہیں دیتا۔" پھر کلائی کی گھڑی کی طرف دیکھ کر کہا، "میرا ایف اے کے دوسرے سال کی کلاس کے ساتھ ابھی پیریڈ ہے۔ اس سے پہلے پنتالیس منٹ کا وقت خالی ہوتا ہے، کبھی کبھی آجایا کرو۔"

اٹھتے اٹھتے پھر انہوں نے کہا، "میں نے جگن کو بھی یہی رائے دی تھی، کہ اچھا لکھو، صاف لکھو، صحیح لکھو، لیکن بولنے میں یو پی والوں کی نقل مت کرو!"

وہ اٹھ کھڑے ہوئے۔ میں نے کہیں تحت الشعور کی سطح پر یہ محسوس کیا کہ اپنے بیٹے جگن ناتھ آزاد کا نام لیتے ہوئے انہوں نے اس نام یعنی 'جگن' کا خالصتاً سرائکی تلفظ ادا کیا تھا، یعنی ج گ ن۔۔۔ 'گ' پر ضمہ یا پیش کی آواز کو ادا کرنا صریحاً صحیح ہندی تلفظ نہیں تھا، اس نام کا۔۔۔ لیکن میں ان کا منشا بخوبی سمجھ گیا تھا۔

میں دوسرے دن پھر گیا۔ اسی کرسی پر بیٹھے تھے۔ میں نے اس بار 'آداب' کہا۔ چونک کر میری طرف دیکھ، کہا، "ہ نہ! طور طریق سیکھ گئے اردو والوں کے؟ اچھا ہے، کام آئیں گے۔۔۔" پھر اسی سانس میں بولے، "میری نظم 'نور جہاں کے مزار پر' پڑھی ہے؟"

میں نے کہا، "جی ہاں، ہمارے کورس کی کتاب میں ہے۔ مجھے زبانی یاد ہے۔"

بولے، "تو سناؤ!"

میں نے فی الفور نظم سنانا شروع کی۔

"دن کو بھی یہاں شب کی سیاہی کا سماں ہے

کہتے ہیں، یہ آرام گہ نورِ جہاں ہے"

مجھے ٹوک کر بولے، "بس، آگے پڑھنے کی ضرورت نہیں۔ یہی دیکھنا چاہتا تھا کہ تم 'نور جہاں' پڑھتے ہو یا 'نورے جہاں' پڑھتے ہو۔ اچھا یہ بتاؤ، ان دو مصرعوں میں کیا خوبی ہے۔"

میں نے ڈرتے ڈرتے عرض کیا، "جی، پہلے مصرعے میں دن کو بھی اندھیرا

ہونے کا ذکر ہے اور دوسرے میں، بر خلاف اس کے، یہ کہا گیا ہے، کہ یہاں تو جہان کا نور سویا ہوا ہے۔ گویا نور جہان کا نام بھی اور دنیا بھر کا نور بھی۔۔۔ ایک ہی لفظ کے دو مطلب نکل آئے۔"

ہنس کر بولے، "نکل نہیں آئے، پہلے سے ہی موجود تھے۔ ایسے الفاظ کو ذو معنی کہا جاتا ہے۔ جانتے ہو۔"

میں جانتا تھا لیکن صاف جھوٹ بول گیا، "اب جان گیا ہوں، سر!"

جانے لگا میں ان کے پاس، ہر دوسرے تیسرے دن، اسی وقت جب وہ لان میں کرسی پر بیٹھے ہوئے اخبار پڑھ رہے ہوتے۔

مجھے سب کچھ یاد ہے کیونکہ واپس گھر آنے کے بعد میں اپنی کاپی میں اپنے تجربات لکھتا رہتا تھا۔ آج یہ ہوا، آج وہ ہوا۔ کس لڑکے سے اسکول میں کہا سنی ہوئی۔ کس ٹیچر نے کیا کہا۔ محروم صاحب کے ارشادات تو تبرک کی طرح تھے، اس لیے انہیں لکھنا ضروری تھا۔

کچھ دنوں کے بعد میں نے اپنی غزلوں کی کاپی سامنے کر دی۔ بولے، "پڑھ کر سناو۔ تم خوش خط ضرور ہو، لیکن میں پڑھوں گا نہیں۔"

میں نے پہلے ایک غزل کے اور پھر ایک دوسری غزل کے کچھ اشعار سنائے۔

چپکے بیٹھے رہے، تو میں نے پوچھا، "سر، کیسے ہیں؟"

بولے، "وزن میں بے شک موزوں ہیں، لیکن کوئی نئی بات نہیں ہے۔"

پھر یکدم آرام کرسی پر اٹھ کر بیٹھ گئے۔ کوئی نظم بھی کبھی لکھی ہے؟"

"جی ہاں، " میں نے کہا، "تین چار نظمیں لکھی ہیں، جن میں سے ایک کو پچھلے

دنوں ایک جلسے میں بہت پسند کیا گیا تھا۔"

بولے، "سناؤ!"

میں نے جلدی جلدی میں کاپی کے ورق پلٹے، نظم سامنے آئی اور سنانے لگا، تو فرمایا، "کھڑے ہو کر سناؤ، جیسے جلسے میں یا مشاعرے میں سناتے ہیں۔"

میں کھڑا ہو گیا۔ نظریں ان سے ملائیں تو بغور میری طرف دیکھ رہے تھے۔ میں نے ذرا بلند آواز میں کہا، "ایک رومانی نظم پیش کر رہا ہوں۔ عنوان ہے، "خواب اور زنجیر"۔ اور پھر ان سے نظریں ملائے بغیر، سامنے ہوا میں دیکھتے ہوئے نظم پڑھنے لگا۔

وہ خوشگوار چاندنی راتیں کہاں سے لاؤں
جو بھولتی نہیں ہیں وہ باتیں کہاں سے لاؤں
اب کیا کروں وہ پہلے سے حالات ہی نہیں

۔۔۔۔

ہر آرزو کا ایک ہی مقسوم ہو گیا
کیا ہو چکا ہے، سب مجھے معلوم ہو گیا
ہر خواب کے نصیب میں تعبیر تو نہیں
کچھ بھی ہو میرے پاؤں میں زنجیر تو نہیں!

میں نے آخری دو مصرعے دو بار پڑھے۔ کرسی سے اٹھ کھڑے ہوئے، مجھے گلے سے لگایا، میری پیشانی چومی۔ کئی بار چومی۔ پھر کہا، "بہت خوب نظم ہے۔ 'پوچھتا' اور 'جانتا' کے قوافی کو درست کر لو۔ لیکن، عزیز من، یہ نظم کیا واقعی تم نے

لکھی ہے؟"

میں نے عرض کیا، "جی ہاں، میری ہی لکھی ہوئی ہے اور کئی جگہ سنا بھی چکا ہوں۔"

بولے، "پندرہ سولہ برس کی عمر میں یہ نظم! آفرین ہے تم پر۔۔۔ سنو، ایک بات غور سے سنو۔ میں نے تمہاری غزلیں بھی تم سے سنی ہے اور آج یہ نظم بھی۔ تم غزل شزل مت لکھا کرو، اس صنف کو تلانجلی دے دو!"

کچھ سوچ کر مسکرائے۔ "تلانجلی کا مطلب جانتے ہو نا؟۔۔۔ تمہاری طبیعت نظم کے لیے موزوں ہے۔ غزل میں تمہارے ذہن سے بھرتی کے ہی اشعار نکلیں گے۔۔۔ میری مانو، تو صرف نظم میں ہی طبع آزمائی کیا کرو۔۔۔ میں نے جگن کو بھی یہی رائے دی ہے، لیکن وہ اب بھی کبھی کبھار غزل لکھ لیتا ہے۔"

ایک دن فرمانے لگے۔ "جانتے ہو، ٹامک ٹوئیں مارنا کیا ہوتا ہے؟"

میں نے عرض کیا، "جی پڑھا تو ہے، لیکن مطلب نہیں جانتا۔ ٹامک ٹوئیاں شاید جوؤں کو کہتے ہوں گے۔"

ہنسے، بولے، "اچھا یہ بتاؤ، جب کسی بوڑھی عورت کے بارے میں لکھا جاتا ہے کہ اس نے جھک کر بچے کی بلائیں لیں، تو اس کا کیا مطلب ہوتا ہے؟"

میں نے فلموں میں اس منظر کو بارہا دیکھا تھا جس میں کوئی بزرگ عورت (مرد نہیں!) جھک کر اپنے دونوں ہاتھوں کو خم دے کر کسی بچے کے سر اور کانوں کے پاس سے واپس اپنی طرف لاتی ہے۔ میں نے فوراً کہا، "بلائیں لینے کا مطلب چومنا ہوتا ہے، یعنی ہاتھوں سے، ہونٹوں سے نہیں۔"

پھر ہنسے، "جیسے کہ میں فرض کر رہا تھا، ویسے ہی جواب دے رہے ہو۔ اچھا یہ بتاؤ، کیا کبھی یہ سوچا ہے کہ یہ سب اصطلاحیں یا محاورے ہمارے پنجاب کے نہیں ہیں، اس لیے ہمیں نہیں آتے۔ تو کیا یہ اشد ضروری ہے کہ ہم انہیں سیکھیں۔ کیوں نہ اردو میں پنجاب کے محاوروں کو چلن دیں؟"

میری کیا رائے ہو سکتی تھی۔ اس لیے میں خاموش رہا۔ کچھ ثانیوں کے بعد میں نے عرض کیا، "بلائیں لینے کا کیا مطلب ہے، سر؟"

اب سنجیدگی سے بولے۔ "یہ فرض کیا جاتا ہے کہ بچوں کے سر پر بلائیں یعنی مصیبتیں منڈلاتی رہتی ہیں۔ بزرگ عورتوں ہاتھوں کی ان جنبشوں سے وہ بلائیں اپنے سر پر لے لیتی ہیں۔"

"اور ٹامک ٹوئیاں مارنا، سر؟"

پھر ہنسے، "جگن کو شاید آج تک یہ لفظ نہیں آتا۔ اسے ٹامک ٹوئے مارنا بھی کہتے ہیں۔ اس کا مطلب تو اٹکل پچو یعنی اندازے پر چلنا ہے، دوسرے الفاظ میں بغیر پوری تفتیش کیے اپنی دانست میں صحیح کام کیے جانا لیکن اندازے سے ہی چلتے جانا، جو غلط بھی ہو سکتا ہے۔ یہ لفظ کشیدہ کاری سے آیا ہے، جس میں سوئی تاگے سے ٹانکے لگائے جاتے ہیں۔"

سنجیدگی سے فرمایا۔ "میں اہلِ زبان نہیں ہوں، لیکن میں سمجھتا ہوں کہ اردو کو اگر سارے ہندوستان کی زبان بننا ہے تو اسے صوبجات کی زبانوں اور بولیوں سے سمجھوتہ کرنا پڑے گا۔"

ایک دن پھر کہا، "بی اے کرنے کے دوران میں نے ایک کتاب پڑھی تھی،

جس میں لکھا تھا کہ انگلستان میں بھی، جو ہمارے پنجاب سے بھی نصف رقبے کا ملک ہے، انگریزی ایک طرح سے نہیں بولی جاتی۔ ڈکشنری کے تلفظ کے مطابق انگریزی شاید صرف ایک یا دو فیصد لوگ بولتے ہیں جسے آر پی یا Received Pronunciation کہا جاتا ہے۔ باقی ہر پچاس سو میل پر بولنے کا انداز، تلفظ، مقامی محاوروں کا امتزاج اس کو بدل دیتا ہے۔ اگر یہ حال انگلستان کا ہے، تو دس گنا بڑے ہندوستان میں یہ کیسے ممکن ہے کہ ہم لکھنؤ والوں یا دلّی والوں کی اردو سیکھیں؟"

ایک دن پھر ذکر آیا تو کہا، "ایک عالم و فاضل شاعر تھے اردو کے جن کا نام امام بخش ناسخ تھا۔ سنا ہے نام ان کا؟"

میں نے عرض کیا، "صرف نام سنا ہے، سر۔ جانتا نہیں کہ وہ کس قسم کے شاعر تھے۔"

"شاعر تو برے نہیں تھے، لیکن کچھ کام انہوں نے ایسے کیے جو اردو کے حق میں نہیں تھے۔"

میں ان کا منہ دیکھتا رہا۔

بولے، "ناسخ نے ان سب الفاظ کو جو بھا کھا یعنی روز مرّہ کی زبان سے آئے تھے جسے ہندوستانی بھی کہا جا سکتا ہے، اردو سے خارج کر دینے کی سفارش کی۔ سفارش کیا کی، بلکہ حکم دیا کہ اگر اردو کو خالص رکھنا ہے تو اس ملاوٹ کو دور کرنا پڑے گا۔ بہت سے محاوروں کو ترک کرنا پڑے گا۔ وہ الفاظ جو فارسی اور ہندی کے امتزاج سے بنے ہیں، انہیں تلانجلی دینا ہو گا۔"

ہنسے، بولے۔ "اب میں نے ایک محاورہ تلانجلی دینا استعمال کیا ہے۔ تم اس کا مطلب جانتے ہو، مجھے یقین ہے، لیکن یہ لفظ کیسے بنا ہے، یہ نہیں جانتے۔ انجلی ہندی میں ہتھیلی کو کہتے ہیں، تِل وہ بیج ہیں جن کا تیل نکالا جاتا ہے۔ بنگال میں کسی عورت کا مرد سے یا مرد کا عورت سے رشتہ ازدواج ختم کرنے کا ایک روایتی طریقہ یہ ہے کہ ایک فریق دوسرے کو اپنی ہتھیلی پر تل رکھ کر پیش کرے۔۔۔"

کچھ رک کر پھر فرمایا: "ناسخ صاحب کو یہ سوجھی کہ اردوئے معلیٰ کو مقامی ہندوستانی بولیوں کے 'ناپاک' الفاظ سے پاک کرنے کے لیے انہیں متروک کر دیا جائے۔ اور انہوں نے متروکات کی ایک فہرست بنائی تاکہ شعرا اور نثر نگار ان الفاظ یا محاوروں سے پرہیز کر سکیں۔ اس میں ایسی اصطلاحیں بھی تھیں جن میں ایک لفظ فارسی کا اور ایک ہندی کا تھا۔ مثلاً 'ٹکڑ گدا' جس کے معنی ہیں، روٹی کے ایک ایک ٹکڑے کو ترسنے والا نادار شخص۔ ان کی منطق یہ تھی، کہ 'ٹکڑ' ہندی کا لفظ ہے اور 'گدا' فارسی کا، اس لیے ان کا انسلاک بجائے خود غلط ہے۔۔۔"

میں نے پوچھا، "تو، سر، کیا لوگوں نے یہ بولنا یا لکھنا چھوڑ دیا؟ کیا ناسخ صاحب نے اس کی جگہ کوئی اور محاورہ تجویز کیا؟"

ہنسے، "نہیں، عزیزِ من۔ کچھ بھی نہیں ہوا، لوگ اس محاورے کو ویسے ہی استعمال کرتے رہے اور انہوں نے کوئی متبادل بھی تجویز نہیں کیا۔۔۔ بس فہرست بنا کر جاری کر دی۔ ان کے چیلے چانٹے شاید اس پر عمل کرتے رہے۔ لیکن اردو شاعری کی تاریخ میں یہ ایک حقیقت ہے کہ ہم اردو کے شاعر ہندوستان میں رہتے ہوئے بھی ہندوستانی بننے سے کتراتے رہے ہیں۔ ناسخ کو یہ چھوٹی سی بات سمجھ میں

نہیں آئی، یا وہ سمجھنا نہیں چاہتے تھے کہ عوام زبان کے پیچھے نہیں چلتے، زبان عوام کے پیچھے چلتی ہے!"

ایک دن پھر بات ہوئی تو انہوں نے کہا، "مرزا غالب بھی اپنے فارسی کے دیوان کو وہ اہمیت دیتے تھے جو انہوں نے اپنے اردو کے دیوان کو کبھی نہیں دی، لیکن آج دیکھ لیں، ان دو دواوین میں کس کی زیادہ تاریخی اہمیت ہے!"

اگلی بار میں گیا تو جیسے مجھ سے بہت سی باتیں کرنے کے لیے تیار بیٹھے تھے۔ بولے، "آج جو باتیں میں نے کلاس روم میں کی ہیں، وہی تم سے بھی کرنا چاہتا ہوں۔۔۔ یہ بتاؤ نوجوان، کہ کیا کبھی ان محاوروں پر غور کیا جن کو فارسی کی اضافت یعنی کسر سے جوڑا جاتا ہے یا عطف سے یعنی عربی کے واؤ سے جن کو گرہ بند کر دیا جاتا ہے؟"

میں نے عرض کیا، "سر، میں سمجھا نہیں!"

"اچھا!" بولے، "کچھ مثالوں سے سمجھاتا ہوں۔ کیا تم نے کبھی یہ اصطلاح پڑھی یا سنی ہے، "لذّتِ کام و دہن"؟ لذّت کے بعد کسر ہے اور پھر کام و دہن کے درمیان ایک عطف ہے، یعنی واؤ ہے۔ دونوں کا مقصد ان کو جوڑ کر یہ معنی نکالنا ہے، "کام اور دہن کی لذت"۔۔۔

میں نے کہا، "جی، اتنا تو میں سمجھتا ہوں۔"

بولے، "ہاں ہاں، یقیناً جانتے ہو گے۔ "دہن" کے معنی یعنی "منہ" ہے یہ بھی تم جانتے ہو گے۔ لیکن "کام" کے کیا معنی ہیں، یہ جانتے ہو؟"

میں ان کا منہ تکتا رہ گیا۔ بولے، "تو تم بھی میرے ایف اے کے طلبہ کی

طرح اس سوال کے جواب میں فیل ہو گئے۔ وہ کم بخت بھی سارے کے سارے اس کا جواب نہیں دے سکے۔ کام کے معنی وہ نہیں ہیں، جو تم جانتے ہو، یعنی جیسے گھر کا کام یا نوکری کا کام۔ اس کا مطلب ہندی کا "کام دیوتا" بھی نہیں ہے۔ اس کا مطلب ہے، آدمی کے منہ میں اوپر کی چھت، یعنی تالو۔۔۔ گویا لذتِ کام و دہن کا مطلب ہوا، منہ اور تالو کا ذائقہ۔۔۔"

پھر پوچھا، "اچھا، ایک اور اصطلاح واؤ کے عطف کے ساتھ بولی جاتی ہے، 'بے سر و سامان"۔۔۔ 'ب' تو صاف سمجھ میں آتا ہے، 'سر و سامان' کے بیچ میں واؤ عطف ہے، اس میں لفظ 'سامان' بھی سمجھ آ سکتا ہے، لیکن 'سر' کا کیا مطلب ہے، جانتے ہو؟ یعنی کیا یہ وہ 'سر' ہے، جو تم اپنے کندھوں پر اٹھائے پھرتے ہو؟"

میں نے پھر شرمندگی سے نفی کے اظہار کے طور پر سر ہلایا تو بولے، "مجھے یہ علم تھا کہ تم بھی میرے ایف اے کے طلبہ کی طرح نہیں جانتے ہو گے۔ پھر فیل ہو گئے۔ اچھا، میں بتاتا ہوں۔ پرانے زمانے میں جب فوجیوں کو نقل مکانی یعنی آگے مارچ کرنے کا حکم دیا جاتا تھا، تو وہ اپنا سارا سامان، یعنی کپڑوں کا جوڑا، لوٹا، کچھ روٹی وغیرہ تو پیٹھ پر باندھ ہی لیتے تھے۔ یہ تو "سامان" تھا۔ اب "سر" کے معنی ہیں، وہ ہتھیار یعنی تلوار، خنجر، تیر کمان یا پرانی بندوق وغیرہ جو انہیں ساتھ ہی اٹھانے پڑتے تھے۔"۔۔۔۔۔ بولتے بولتے تھک گئے تو رک گئے۔ چند لمحوں کے بعد کہا، "ان کو ہی "سر" کہتے تھے۔۔۔

اب ایک آخری سوال۔۔۔ ایک اصطلاح ہے، "لبِ لباب"۔ ہم سب اس کے ماخوذ معانی سمجھتے ہیں، یعنی کسی بات کا مختصر ترین الفاظ میں بیان۔ لیکن یہ

دونوں الفاظ اسم ہیں، اگر نہ ہوتے تو ان کے درمیان 'کسر' کیسے آسکتی تھی۔ کیا ان دو الفاظ کے الگ الگ معانی جانتے ہو؟"

میں نے فوراً کہا، "لب ۔۔۔ تو میں سمجھتا ہوں، یعنی ہونٹ.. لیکن لباب نہیں جانتا۔"

مسکرائے، "یہی جواب تو ان کند ذہنوں نے بھی دیا تھا کمرہ جماعت میں، جو میٹرک پاس کر کے اب کالج میں بیٹھے ہیں۔ وہ سبھی فیل اور تم بھی فیل! یہ لفظ لب نہیں ہے، لُب ہے، یعنی ل کے اوپر ضمّہ ہے۔ اور اس کا مطلب ہے، نچوڑ، عطر، عرق وغیرہ، اب یہ فارسی والوں کا عجوبہ ہے کہ دوسرا لفظ یعنی "لباب" اسی لفظ کا صیغہ جمع ہے۔ تو لبِ لباب کا مطلب ہوا، نچوڑیوں کا نچوڑ، عطروں کا عطر۔۔۔ انگریزی میں کیا کہیں گے؟"

میں نے فی الفور کہا، The essence of Essences

خوش ہو گئے۔ "شاباش!" اب جب بھی کبھی کوئی فارسی یا عربی اصطلاح استعمال کرو، تو یہ دیکھنے سے پہلے کہ اس کے ماخوذ معانی یعنی Derivative Meaning کیا ہیں، اس کے اصل معانی دریافت کرنے کی کوشش کیا کرو!"

ڈیڑھ دو برس کا عرصہ ہوتا ہی کیا ہے! ۱۹۴۵ء سے اپریل ۱۹۴۷ء تک۔ لیکن اس دوران میں منشی تلوک چند محروم کے ساتھ میں نے تیس چالیس ملاقاتیں کیں اور ہر بار کچھ سیکھ کر ہی لوٹا۔ کاغذ قلم سے اصلاح دینے کو وہ اپنے اصول کی نفی سمجھتے تھے اور کہتے تھے کہ جو اساتذہ اپنے شاگردوں کی غزلیات پر اصلاح دے کر فی شعر آٹھ آنے یا بارہ آنے یا ایک روپیہ وصول کرتے ہیں، انہیں استاد کہلوانے کا کوئی حق نہیں ہے، "گویا استادی نہ ہوئی، تجارت ہو گئی، سودا فروشی ہو گئی!"

قبلہ محروم صاحب سے دو تین ملاقاتیں جو ان کی راولپنڈی سے ہجرت اور دہلی میں سکونت کے بعد ہوئیں، ان کی بھی اپنی ایک کہانی ہے، لیکن اسے کسی دوسرے وقت کے لیے اٹھار کھتے ہیں۔ آیئے، اب ان کی مشہور زمانہ نظم "نور جہاں کے مزار پر" کے کچھ اشعار پڑھتے ہیں

دن کو بھی یہاں شب کی سیاہی کا سماں ہے
کہتے ہیں یہ آرام گہہِ نورِ جہاں ہے

---.

اے حسنِ جہاں سوز، کہاں ہیں وہ شرارے
کس باغ کے گل ہو گئے، کس عرش کے تارے

---.

کیا بن گئے اب کرمک شب تاب کے سارے
ہر شام چمکتے ہیں جو راوی کے کنارے
یا ہو گئے وہ داغ جہاں گیر کے دل کے
قابل ہی تو تھے عاشقِ دلگیر کے دل کے

---.

ایسی کسی جوگن کی بھی کٹیا نہیں ہوتی
ہوتی ہے مگر یوں سر صحرا نہیں ہوتی

***

۳

کرشن چندر: کچھ باتیں، کچھ یادیں

گذشتہ برس دہلی میں ریختہ جشن کے موقع پر مجھے یہ اعزاز بخشا گیا کہ کرشن چندر صدی کے تقریبات کے حوالے سے سیمینار کا جو سیشن کرشن چندر کے لیے مخصوص تھا اس میں اپنا کلیدی خطبہ پیش کروں۔ لیکن مَیں اس سیشن کی بات بعد میں کروں گا، پہلے محترمہ سلمیٰ صدیقی سے اس سیشن سے پہلے چائے کی میز پر آدھ گھنٹہ بات چیت کا ذکر مناسب لگتا ہے۔ محترمہ بہت دبلی پتلی کمزور سی ہو جانے پر اپنا رنگ روپ سب کچھ کھو چکی تھیں، یہاں تک کہ مجھے ان کے چہرے میں اس رخ زیبا کو تلاش کرنا مشکل لگ رہا تھا، جس سے میں واقف تھا۔

بہر حال ملیں تو انہیں سب باتیں یاد ہو آئیں۔ یہاں تک کہ اس دوپہر کا ذکر بھی انہوں نے کیا جسے میں لگ بھگ بھول چکا تھا۔۔ یعنی جب وہ کرشن جی کو دل کی تکلیف ہونے کے بعد انہیں دہلی لا کر انڈین انسٹیٹیوٹ آف میڈیکل سائنسز میں چیک اپ کروا رہی تھیں اور کناٹ پلیس کے ایک ہوٹل میں ٹھہری ہوئی تھیں اور جدیدیت کے نام نہاد علمبردار جو دہلی میں کناٹ پلیس کے ٹی ہاؤس کی "چنڈال چوکڑی" سمجھے جاتے تھے، سریندر پرکاشؔ اور مین راؔ افسانہ نگاروں کے علاوہ، ناؔمی،

(شاید مخمور سعیدی بھی) اور کچھ دیگر چھٹ بھئیے شاعروں کی معیت میں ہوٹل کے نیچے پہنچ کر نعرہ بازی میں مصروف ہو گئے، "کرشن چندر، نیچے آؤ! کرشن چندر نیچے آؤ! کرشن چندر ہم سے بات کرو، نیچے آؤ!" میں اتفاق سے پرسش احوال کے لیے کرشن چندر کے کمرے کے باہر سلمیٰ جی کے ساتھ بنچ پر بیٹھا ہوا تھا، تو میں نے آفر کیا ، "بھابھی، آپ نیچے مت جائیں، میں چلا جاتا ہوں اور ان کو سمجھا بجھا کر واپس بھیج دیتا ہوں۔"۔۔۔۔ لیکن وہ نہ مانیں اور میرے ساتھ ہی نیچے گئیں۔ ان کو دیکھ کر پہلے تو سب کے چہرے اتر گئے، پھر جب انہوں نے مشفقانہ لہجے میں ہاتھ جوڑ کر سب کو بتایا کہ کرشن جی کی حالت بستر سے اٹھ سکنے کی بھی نہیں ہے، نیچے آسکنے کی بات تو بعید از قیاس ہے۔ اور تب میں نے دس بارہ نوجوانوں کی اس بھیڑ میں سے پنجابی شاعر دھن راج سنگھ کو تلاش کیا اور اسے ذرا دور لے جا کر اس کی جیب میں دس دس کے کچھ نوٹ ڈالے اور کہا، "ان دوستوں کو بھولا رام اینڈ سنز کی شراب کی دکان پر لے جاؤ اور وہسکی کی دو بوتلیں خرید کر دے دو، تا کہ ان سے پیچھا چھوٹے"۔

ریختہ کے سیمینار سیشن میں بھی بدمزگی پیدا ہوئی۔ کرشن چندر کے بہنوئی (سرلا دیوی کے خاوند) ریوتی سرن شرما بھی مدعو تھے۔ کسی زمانے میں وہ انجمن ترقی پسند مصنفین کے ہندی وِنگ کا بنیادی پتھر سمجھے جاتے تھے، لیکن اب عمر رسیدگی اور ناکام بوڑھوں کی طرح بدمزاج ہو جانے کی وجہ سے وہ ہر بات میں رخنہ ڈالتے ہیں، اور انہیں لگتا ہے کہ ہر طرف کرشن چندر کے خلاف سازشیں ہو رہی ہیں۔ منٹو صدی تقریبات کے سلسلے میں بھی، دہلی میں ساہتیہ اکاڈمی میں منعقد کیے گئے سیمینار

میں، جس سیشن کی صدارت میرے ذمہ تھی، وہ چپکے بیٹھے رہے، لیکن ڈاکٹر نارنگ کے آتے ہی جیسے بھڑک سے گئے اور شور وغل کرنے لگے۔ انتظار حسین اور اصغر ندیم سید کی تقریروں کے دوران میں بھی بڑبڑاتے رہے اور پھر اٹھ کر کچھ کہنے لگے تو نارنگ صاحب نے موقع کی نزاکت کو سمجھتے ہوئے سیشن ہی ختم کر دیا۔ ریختہ سیمینار میں بھی میری تقریر ختم ہونے کے بعد انہوں نے ایک پرزہ نکالا اور اسے پڑھنا شروع کر دیا۔ دس بارہ منٹوں تک تو میزوں کے گرد بیٹھے ہوئے ایک سو کے قریب سامعین نے انہیں سنا، جب کچھ پلے نہ پڑا تو منتظمین میں سے ایک صاحب نے مجھے پھر مائیک پر بلا کر بولنے کے لیے کہا۔ اور اس طرح ان کی بڑبڑاہٹ کے دوران میں ہی میں کرشن چندر کے بارے میں کچھ اور باتیں بتاتا رہا۔ بہر حال اس مخمصے کے دورانیے میں سلمیٰ جی کی تقریر بھی غور سے نہیں سنی گئی۔ جس بات کا ہم سب کو قلق ہوا۔

اب آئیں، کچھ پرانی یادیں کرید کر دیکھیں کہ کہاں کہاں کچھ انگارے راکھ میں دبے ہوئے اب بھی سلگ رہے ہیں۔

کرشن چندر سے میری پہلی ملاقات ۱۹۵۹ء میں میرے بمبئی میں دوماہ کے قیام کے دوران ان کے گھر پر ہوئی۔ فون پر وقت طے کرنے کے بعد میں بسیں بدل بدل کر ان کے گھر تک پہنچا تو آدھ گھنٹہ لیٹ تھا۔ مجھے خوشی اس بات سے تو ہوئی کہ خود سے بارہ پندرہ برس بڑے، ایک بے حد سینیر لکھاری سے ملنے کا نہ صرف اتفاق ہوا بلکہ اس بات سے یہ خوشی دوچند ہو گئی کہ نہ صرف انہیں مجھ سے انجمن ترقی پسند مصنفین کی بھیمڑی کانفرنس اور دہلی کانفرنس میں ملنا یاد تھا، بلکہ میرے افسانوں

سے اور عادل رشید صاحب کی وساطت سے میرے بارے میں بات چیت کے حوالے سے انہوں نے میرے بارے میں ایک مثبت رائے قائم کی ہوئی تھی۔ ملنے پر گرمجوشی بھی دکھائی اور یہ بھی کہا" بھیمڑی کانفرنس میں تو آپ پندرہ سولہ برس کے بچے ہی دکھائی دیتے تھے لیکن جب آپ دہلی کانفرنس میں یعنی پچھلے برس ہمیں ملے اور کچھ دوستوں نے آپ کے افسانوں کی تعریف کی تو میں نے آپ سے پوچھا تھا، آپ اردو افسانہ نگاروں میں سب سے زیادہ کس کو پسند کرتے ہیں؟" میں نے کیا جواب دیا تھا؟ میرے یہ پوچھنے پر انہوں نے کہا، "آپ نے بہت حکمت عملی سے کام لیتے ہوئے کہا تھا، آپ کو تو پسند نہ کرنے کا سوال ہی پیدا نہیں ہوتا لیکن میں راجندر سنگھ بیدی کو بہت پسند کرتا ہوں۔۔یعنی زبان کے استعمال میں آپ اتنے محتاط ہوتے ہوئے بھی ایک لفظ "بہت" کا اضافہ کر کے بیدی کو مجھ سے بہتر افسانہ نگار کہہ گئے تھے!"۔

میں کچھ جھینپا، لیکن وہ فوراً بات بدل گئے۔ "آپ کہاں ٹھہرے ہیں؟" میں کچھ کہنے ہی والا تھا کہ بولے، "آپ میرے پاس ٹھہر تو نہیں سکتے لیکن دن کے وقت ،یعنی جب تک آپ یہاں بمبئی میں ہیں، اگر دو بجے کے لگ بھگ آ جایا کریں تو ہم چند گھنٹے اکٹھے گذار سکتے ہیں۔" میں نے حامی بھر لی۔ دوسرے یا تیسرے دن میں دو بسیں بدل کر ان کے گھر جا پہنچا۔ اکیلے ہی بیٹھے تھے، ان کی بیگم جو خالص گھریلو قسم کی خاتون تھی، جب مجھے ملیں تو پنجابی میں باتیں کرتی رہیں۔ اس سادہ سی، سگھڑ سی عورت کو مل کر مجھے تو بہت اچھا لگا اور ایسی باتیں جو ان کے دوست مشتہر کرتے تھے کہ وہ ان کے دوستوں کو پسند نہیں کرتیں، مجھے غلط لگیں۔ چائے بنا کر لے آئیں۔

مجھ سے میرے والدین اور گھر بار کے بارے میں پوچھتی رہیں اور جب ہم لوگ ایک دو گھنٹوں تک باتیں کر چکے تو دوبارہ خود ہی چائے بنا کر لے آئیں۔ "کرواچوتھ" کا تیوہار اسی ہفتے تھا۔ یہ دن سہاگ وتی عورتیں مناتی ہیں اور ہتھیلیوں پر مہندی سے نقش و نگار بنا کر، تھالی میں دئے اور مٹھائی رکھ کر اپنے خاوند کی لمبی عمر کے لیے سارا دن برت رکھتی ہیں۔ مجھے کہنے لگی، یہاں تو کوئی ہے ہی نہیں جس سے تھالی بٹائی جا سکے۔ مہندر نے تو گھر میں گھاٹن ڈال رکھی ہے۔ سرلا کبھی آ بھی جائے تو کچھ دیر بیٹھ کر اٹھ جاتی ہے۔ پھوپھیوں کو اپنے بھتیجے بھتیجیوں سے بہت پیار ہوتا ہے، لیکن سرلا تو خود میں ہی مست رہتی ہے، آپ کی ماتا جی بھی تو مناتی ہوں گی، کرواچوتھ کا دن!" جب میں نے بتایا کہ میری ماں اب تو بیوہ ہیں، لیکن میں نے انہیں پاکستان بننے سے پہلے یہ تیوہار مناتے ہوئے نہ صرف دیکھا ہے، بلکہ ضد کر کے اپنے ہاتھوں پر بھی مہندی لگوائی ہے، تو بہت ہنسیں، بولیں، 'میرے بچے بھی یہی ضد کرتے ہیں۔ میرے پاس اس برس مہندی نہیں ہے۔ انہیں کہوں گی، کہ لے آئیں۔' میں نے کہا، "بھابھی، میں کل آتے ہوئے لے آؤں گا، آپ چنتا نہ کریں۔"

گفتگو کے دوران یعنی چائے کے خاتمے تک وہ بیٹھی رہیں۔ مجھے کرشن چندر کو "کرشن چندر صاحب" کہہ کر مخاطب ہوتے ہوئے سن کر کچھ ہنسیں، کچھ چیں بجبیں ہوئیں، کہنے لگی، "آپ انہیں کرشن جی کہہ کر بلائیں۔ مجھے اچھا لگتا ہے۔"

چار پانچ دنوں میں لگاتار ملاقاتیں رہیں۔ کرشن چندر میں مجھے کچھ باتیں بہت اچھی لگیں۔ ان کا دھیما لہجہ، بات چیت میں اپنے پن کا احساس اور نیچی نگاہ رکھتے ہوئے یکدم اوپر نظریں اٹھا کر مد مقابل کی طرف دیکھ لینے کا ڈرامائی انداز، انگلیاں

جیسے میز پر رکھے ہوئے بھی تھرک رہی ہوں۔ اس سے پتہ چلتا تھا کہ ظاہراً پر سکون دکھائی دینے والے شخص کے اندر کہیں ہلچل ہے، جسے وہ چھپا نہیں سکتا۔ جس کمرے میں ہم بیٹھے تھے اس میں صرف چند کتابیں ہی تھیں، ساری کی ساری اردو میں۔ مجھے کچھ خالی خالی سا نظر آیا، تو میں نے پوچھ ہی لیا، "کرشن جی، آپ کے کمرے میں انگریزی کی کتابیں نظر نہیں آتیں؟" ہنس پڑے، بولے، "اس کا مطلب یہ نہیں ہے کہ میں پڑھتا نہیں ہوں۔ بہت سی کتابیں اندر میرے بیڈ کے پاس ایک بُک شیلف میں رکھی ہیں۔"

گفتگو میں میرا کردار ہمیشہ سوال کرنے والے کا رہا۔ یوں بھی بیس بائیس برس چھوٹا ہونے اور ان کے صفِ اول کے افسانہ نویس ہونے کی وجہ سے مجھے "کرشن جی" کہہ کر پکارنے میں تو کچھ وقت لگا، میں بہت سے سوالوں کو اپنی ڈایری میں لکھ کر ان کے ہاں جاتا تھا۔ اس سے مجھے بات چیت میں آسانی ہوتی تھی، اور میں اپنی خود ساختہ شارٹ ہینڈ میں ان کے جوابات بھی، حرف بحرف تو نہیں، لیکن مختصراً لکھ ہی لیتا تھا۔

مثلاً میرے ایک سوال کے جواب میں وہ تادیر خاموش رہے اور جب میں نے دوبارہ تاکید سے پوچھا تو کہنے لگے، "اس کا جواب میں نہ ہی دوں، تو بہتر رہے گا۔" سوال "انگارے" کی اشاعت کے بارے میں تھا، جسے نہ صرف ترقی پسند مصنفین کی تحریک کی شروعات کا مینی فیسٹو بھی کہا گیا تھا بلکہ اس کے بارے میں بیحد متضاد آراء پائی جاتی تھیں۔ یہاں تک کہا جاتا تھا کہ کرشن چندر جیسے 'نرم' لوگ کبھی اس سخت کے گنہ گار نہ ہوتے جس کا اعادہ اس کتاب میں کیا گیا تھا۔ میں نے ان سے عرض کیا

تھا کہ "انگارے" پڑھنے کے بعد مجھے یہ محسوس ہوا کہ مرتب کرنے والوں نے نہ صرف حد اعتدال سے غیر معمولی طور پر تجاوز کیا ہے، بلکہ تخریب کی حد تک آگے بڑھ گئے ہیں۔ کہا بھی تھا سید سجاد ظہیر نے، جب ان سے اس بارے میں پوچھا گیا تھا، کہ اگر یہ تخریب کاری کا احیا ہے تو یوں سمجھئے کہ جب تک پرانی دیواریں منہدم نہیں ہو جاتیں، نئی کھڑی نہیں کی جا سکتیں، کیونکہ تخریب ہی تعمیر کا پہلا قدم ہے۔ 'انگارے' میں مذہب پر کھلے بندوں ایسے حملے کیے گئے تھے کہ مجھ جیسے لا دین تو نہیں لیکن All-faith-man کو بھی یہ برا لگا تھا۔ لکھتے ہوئے احتیاط نہیں برتی گئی تھی۔ مذہب کو سرمایہ داری کی آغوش مادر کہہ دینا تو درست تھا، لیکن مارکس کے زباں زد عام قول Religion is the opium of the masses کی بنا پر مذہب کو تمام خرابیوں کی بیخ و بنیاد سمجھ کر اسے کرداروں کی زبان سے برا بھلا کہلوانا کچھ نعرہ بازی سا لگا تھا مجھے۔ جب میں نے کرشن چندر سے کہا کہ یہ کتاب اپنا تخریبی رول تو ادا کر گئی لیکن ترقی پسند منشور کی اس تمثیل میں یہ ایک غلط Opening scene تھا تو کرشن مسکرائے، میز پر ان کی انگلیوں کی طبلہ تھاپ تیز ہو گئی لیکن وہ خاموش رہے۔

مجھے کچھ کچھ یاد تھا کہ خاندان اور اس میں مشمولہ جنسی تعفن کی طرف اس کتاب میں کیا کیا لکھا گیا تھا۔ میں نے ٹوٹے پھوٹے الفاظ میں وہ دہرا دیا، تو انہوں نے کہا، "آپ مجھ سے یہ سوال نہ ہی پوچھئے تو اچھا ہے۔ میں جواب نہیں دوں گا۔"

آج چالیس سے کچھ اوپر برسوں کے بعد میں نے یہ احوال نامہ لکھتے ہوئے "انگارے" کے ضبط شدہ ایڈیشن کے وہ صفحات نکال کر دیکھے ہیں۔ ان کی عبارت

حرف بحرف یوں ہے۔

"موجودہ خاندان، یعنی بورژوا خاندان کن بنیادوں پر قائم ہے؟ سرمائے پر، ذاتی منافع پر۔۔۔"

"بورژوا اپنی بیوی کو محض ایک آلۂ پیداوار سمجھتا ہے۔۔۔"

"ہمارے بورژوا اپنے پرولتاریوں کی بیویوں اور بیٹیوں کو اپنے استعمال میں رکھنے قانع نہیں، عام بیسواؤں کا تو مذکور ہی کیا، وہ ایک دوسرے کی بیویوں کی عصمت ریزی میں انتہائی لذت محسوس کرتے ہیں۔"

اس سلسلے میں میرا آخری سوال کرشن جی سے یہ تھا، "کیا اس انتہا پسندی کہ وجہ سے ہی سجاد ظہیر خود اچھے ideologue تو بن گئے، ادیب نہیں بن سکے۔"

اس بار مسکرائے بھی نہیں، صرف کہا، "آپ ایک اچھے انسان کے ساتھ زیادتی کر رہے ہیں۔"

میں یہ تو کہتے کہتے ہی رہ گیا، اگر ریوتی سرن شرما اور سرلا دیوی بیٹھے ہوتے، تو شاید کہہ بھی دیتا کہ اردو کے مقابلے میں ہندی میں پرگتی شیل (ترقی پسند) تحریک کیوں جڑ نہ پکڑ سکی، کیا اس کا کارن یہی احتیاط کا فقدان تھا؟ ہندی والے، میں جانتا تھا، کچھ زیادہ ہی 'رڑھی وادی' (رجعت پسند) ہوتے ہیں اور خاندان کے خلاف اس قسم کے عدم توازن پر مبنی باتیں برداشت نہیں کر سکتے۔

ان ملاقاتوں میں، (جن کا کچا چٹھا میں اس سے پہلے بھی ماہنامہ "راہی" میں لکھ چکا ہوں جس کے مرتبین میں میرا نام بھی شائع ہوا کرتا تھا)، مجھے کرشن چندر سے کرشن چندر ہی کے بارے میں کماحقہ واقفیت حاصل ہوئی، جو شاید ان کے بارے

میں لکھے گئے تنقیدی مضامین سے حاصل نہ ہو سکتی۔ ایک نکتہ جس نے مجھے اپنی طرف متوجہ کیا، کرشن چندر کی یہ شکایت تھی کہ ان کے مخالفین ان کے بارے میں اپنا ناموافق رویہ اس اساس پر رکھتے ہیں کہ مصنف اگر خود مزدور نہیں ہے تو مزدوروں کے بارے میں لکھنے میں وہ کہیں نہ کہیں چوک جائے گا۔ ہنس کر کہنے لگے کہ یورپ میں کسی نے ایک فرانسیسی مرد ناول نویس ایمل زولا کے بارے میں یہ کبھی نہیں کہا کہ چونکہ وہ عورت نہیں ہے، اس لیے اس نے Nana اور Nana's Mother جیسے عظیم ناول کیوں لکھے ہیں۔ یا ٹالسٹائی کو مرد ہونے کی وجہ سے Anna Karenina تحریر کرنے کا یا اسی بنا پر فلابیئر کو Madame Bovary لکھنا زیب نہیں دیتا تھا۔ گویا کہ کسی عورت کے بارے میں مرد کو افسانہ لکھنے کا کوئی حق نہیں اور کسی مزدور کے بارے میں ایک غیر مزدور کو لکھنے کی کوئی تُک ان کی میں سمجھ نہیں آتی۔ مجھے ان کی بات پر ایمان لانا پڑا، چہ آنکہ یہ بھی کہا گیا تھا کہ تلنگانہ کے کھیت مزدوروں کی حالت زار اور وہاں کی تحریک کے بارے میں ان کے ناول "جب کھیت جاگے" پر پہلا اعتراض مخدوم محی الدین کا تھا کہ کرشن نے چونکہ تلنگانہ جا کر وہاں کے حالات اور کھیت مزدوروں کی زندگی کو اپنی آنکھوں سے نہیں دیکھا اس لیے وہ ایک فاش غلطی کے مرتکب ہوئے، یعنی اپنے ناول کے ہیرو کے انتخاب میں بھی وہ چوک گئے۔ راگھو راؤ ہیرو کا نام ہے، اور یہ نام اونچے براہمن گھرانوں میں پایا جاتا ہے، کھیت مزدوروں میں نہیں! میں نہیں چاہتا تھا کہ میں اس سلسلے میں ان سے بات کر کے ان کی ناراضی مول لوں، کیونکہ مجھے خود علم نہیں تھا کہ مخدوم محی الدین نے یہ بات کس تناظر میں کہی تھی۔

البتہ اردو نقادوں کے بارے میں ایک بات جو کرشن جی نے کہی، اس پر ایمان لانا پڑتا ہے۔ انہوں نے کہا تھا کہ یہ لوگ آسان راستہ تلاش کرتے ہیں اور متن کو پڑھ کر اس کی گہرائی میں نہیں جاتے۔ "مثلاً میرے افسانوں اور ناولوں میں جو مزدوروں یا کامگاروں کے بارے میں ہیں۔۔۔" انہوں نے کہا تھا اور یہ جملہ بجنسہ میری ڈائری میں درج ہے۔ "۔۔۔ مردوں کی نسبت مزدور یا کامگار عورتیں زیادہ ہیں جن کے استحصال کو موضوع بنایا گیا ہے۔ کامگار عورت کا یہ استحصال دو سطحوں پر ہے، یعنی ایک تو اقتصادی یا طبقاتی اور دوسرا جنس کے حوالے سے۔ اگر میں اپنی یاد پر بھروسہ کروں تو میں نے کم از کم بیس افسانے اس موضوع پر لکھے ہیں، اور یہ کوئی کم تعداد نہیں ہے۔"

پھر ذرا رک کر انہوں نے کہا، "آپ بھی کہہ رہے ہیں کہ آپ نے میرے سارے افسانے پڑھے ہیں، یہ امر کبھی آپ کے نوٹس میں بھی آیا؟" میں چپکا بیٹھا رہا، صرف نفی میں سر ہلا دیا۔

کہنے لگے، "مجھے ہندوستان کے مہاجنی نظام میں جس قدر عورت کی زبوں حالی نے جھنجھوڑا ہے، اگر میرے افسانے پڑھ کر قارئین اس کا ایک چوتھائی تاثر بھی قبول کر لیں تو میں سمجھتا ہوں، میری محنت کا پھل مجھے مل گیا ہے۔"

"عورت کی زبوں حالی۔۔۔" میں نے حامی بھری، "ہاں، میں کہہ سکتا ہوں کہ آپ نے "شکست" میں دو صفحے صرف رام اور سیتا کہ کہانی پر صرف کیے ہیں کہ کیسے راون کی قید سے رہا ہونے کے بعد بھی ایک جاہل دھوبی کے کہنے پر رام نے اسے ملک بدر کر دیا اور جب اسے بالمیکی کے آشرم سے واپس بھی لایا تو اگنی پریکشا

کے بعد بھی اس کا شک دور نہ ہوا اور سیتا نے اپنی ماں دھرتی سے فریاد کی، دھرتی شق ہو گئی اور سیتا اس میں سما گئی۔"

"ہاں،" کہنے لگے، "میں نے لکھا تھا کہ سیتا کنڈ کی زمینی حدود بھی سیتا کا حالت زار کا پتہ دیتی ہیں۔ نیلے آسمان کے مسرت بھرے نور سے دور ایک چٹان کی سنگلاخ چھاتی میں، چاروں پتھروں کی دیواروں کے بیچ، جہاں روشنی کا گذر بھی نہیں ہو سکتا۔ یہی تو مدت المدید سے عورت کی جگہ رہی ہے، سب سے نیچے، قدموں میں!"

"سنو،" کہنے لگے، "میں نے کیا لکھا ہے،" اور وہ شکست کا ایک صفحہ نکال کر پڑھنے لگے، "موٹر کے آگے اور پیچھے، چیڑ اور دیودار کے گھنے اور سبز جنگلوں کے درمیان، چاندی کے تار کی طرح چمکتی ہوئی پکی سڑک پھسلتی جا رہی ہے۔ ایک میٹھے چشمے سے دوسرے میٹھے چشمے تک، ایک ڈاک بنگلے سے دوسرے ڈاک بنگلے تک، ایک امیر کی جیب سے دوسرے امیر کی جیب تک، یہ وہی نقرئی تار ہےء، جس نے انسانوں کے دل تاریک کر دیے ہیں۔ عورتوں کی عصمتیں ویران کر ڈالی ہیں اور سماج کی روح کو آتش کے جہنم میں جھلسا دیا ہے۔"

میں نے ان کے چہرے پر نظر کی۔ لال بھبھوکا، غصے یا نا امیدی کی آگ میں جھلسا ہوا۔ مجھے ایسے لگا کہ یا تو ابھی پھپھک پھپھک کر رو پڑیں گے، یا زور سے ہاتھ مار کر میز پر پڑی چائے دانی، کپ اور پلیٹیں توڑ دیں گے۔۔۔ لیکن کچھ بھی نہیں ہوا، ایک ٹھنڈی سانس لی اور خاموش بیٹھ گئے۔

میرا بمبئی جانا ممکن بھی نہیں تھا، کیونکہ میں اپنی تعلیم، اپنی بیوہ ماں اور بھائی بہنوں کی دیکھ ریکھ میں مصروف تھا اور ان سب کے علاوہ آٹھ آٹھ گھنٹے روزانہ لکھنے

کا کام کرتا تھا جس سے کچھ آمدنی ہو جاتی تھی۔ خطوط کا تبادلہ البتہ ہوتا رہا۔ فون تو ان دنوں ایک نایاب چیز تھی، لیکن ان کے بارے میں ایسی خبریں ملتی رہیں جن سے یہ پتہ چلتا تھا کہ ان کی گھریلو زندگی آہستہ آہستہ اجیرن ہوتی چلی جا رہی ہے اور میاں بیوی میں تضاد کی وجہ کوئی "دوسری عورت" بھی ہے۔

اور پھر جب سلمیٰ صدیقی آ گئیں تو افواہیں اڑیں کہ کرشن چندر نے اسلام قبول کرنے کے بعد رشید احمد صدیقی کی بیٹی سے شادی کی ہے۔ بہر حال میں نے اپنا تعلق ان سے برقرار رکھا اور محترمہ سے بھی گاہے بگاہے ان کی دہلی کی آمد و رفت کے دوران ملتا رہا۔ لیکن تیس پینتیس برس پہلے انڈیا چھوڑ دینے کے بعد، صرف ایک بار بمبئی میں اپنے قیام کے دوران ان سے ملاقات ہوئی، جس کا احوال نامہ میری یاداشتوں کی کتاب " کتھا چار جنموں کی" میں موجود ہے۔

***

۴

یادیں اختر الایمان کی ۔۔۔ اور کچھ ذکر فیض کا

اختر الایمان تب باندرہ میں کین روڈ پر بینڈ اسٹینڈ بلڈنگ میں رہتے تھے۔ ہم، یعنی میں اور فلم فوٹو گرافر شیام چڈھا صاحب، بلڈنگ کے نمبر ۵۵ کے اپارٹمینٹ میں پہنچے، تو چڈھا صاحب کو دیکھ کر خوش ہوئے۔ مجھ سے ہاتھ ملایا، اور جب میں نے اپنا نام لے کر اپنا تعارف کروایا تو پھر آگے آ کر مجھ سے گلے ملے، اور کہا، "تو آج ایک ایسے شاعر سے بھی ملاقات ہو گئی جسے میں کئی برسوں سے ملنا چاہتا تھا۔ خدا آپ کو برکۃ دے اور آپ اردو کے قارئین میں شاعری کے تئیں اک سنجیدہ رویہ پیدا کر سکیں، ورنہ یہاں تو وہی کیفیت ہے، یعنی۔۔۔ "میں نے لقمہ دیا، "جی ہاں، جو پہلے تھی، سو اب بھی ہے!" ۔۔۔ بولے، "درست کہا، بھائی، ہماری شاعری کا ہماری زندگی کے مختلف پہلوؤں سے کوئی دور کا واسطہ بھی نہیں ہے۔ جو کچھ بھی ہے، ابھی تک حسن و عشق کا نعرہ ہے۔" ۔۔۔ میں نے کہا، 'جی درست فرمایا، لیکن آپ نے تو اس سے بچنے کی کوشش بھی کی ہے اور مجھ جیسے جونیئر لوگوں کی رہنمائی بھی کی ہے۔'

میں نے محسوس کیا کہ ملتے ہی ہم لوگ بات چیت میں جٹ گئے ہیں۔ چڈھا

صاحب بغلیں جھانکنے لگے اور پھر اجازت لے کر رخصت ہو گئے تو ہم لوگ ٹانگیں پسار کر بیٹھ گئے۔ چائے کے دو تین دور ہوئے، پھر کھانا ہوا، پھر چائے، اور پھر چائے ۔اور اس دوران میں باتیں ہوتی رہیں۔

میں ان کے ہاں تین دن تک ٹھہرا۔ چڈھا صاحب کے فلم سٹڈیو کا ایک اہلکار ساحر لدھیانوی کے گھر سے میرا "سفری سامان" (برش، تولیہ، شیو کا سامان، بدلنے کا ایک جوڑا) پہنچا گیا تو میں بے فکر ہو گیا۔ باتوں کی تان شروع بھی اردو شاعری کے اس کردار کے بارے میں ہوتی تھی، جسے ہم انگریزی میں entertainment کہتے ہیں (اردو میں تفریح جیسے کئی اور کئی الفاظ اکٹھے بھی کر لیں تو یہ مطلب ظاہر نہیں ہوتا)۔ اور ٹوٹتی بھی اسی پر تھی۔ لبِ لباب یہ تھا کہ ترقی پسند تحریک کے اعلانیہ انقلاب کے باوجود ہمارا شعری پیرایہ ٔ اظہار ابھی تک اس ڈربے میں بند ہے جسے وہ خود ہی جاگیر داری سماج کی یا بورژوا طبقے کی زبان کہتے ہیں۔ زندگی میں تو، چاہے وہ تسلیم کریں یا نہیں، پہلے ہی ایک بہت بڑی تبدیلی آ چکی ہے۔ حویلیاں اور جھونپڑیاں نہیں ہیں، یا تو متوسط طبقے کے اس جیسے گھر ہیں، جس میں ہم بیٹھے ہوئے ہیں، یا کھولیاں ہیں۔ گاؤں کے لوگوں کا شہروں میں منتقل ہونا جاری ہے۔ نقل و حرکت کے ذرائع بدل چکے ہیں، لیکن ہم اب تک شاعری کو محفل کی آراستگی کے لیے منگوائے گئے گلدستوں سے زیادہ اہمیت نہیں دیتے۔ شعری لوازمات جو ایک بار خود رو پودوں کی طرح فارسی سے آ گئے تو اردو کی زمین میں ایسے جڑ پکڑ گئے کہ اب آپ اور میں ہزار جتن کریں، یہ جانے کے نہیں۔ استعارے وہی ہیں، تلمیحات وہی ہیں، تشبیہات وہی ہیں، حالانکہ خود فارسی والے

گذشتہ ایک صدی میں ان کو ترک کر چکے ہیں۔

بات کرتے کرتے اٹھے اور لکھنے کی میز تک گئے، ایک نوٹ بک اٹھا لائے، بولے، 'پچھلے دنوں میں نے اپنی آنے والی کتاب کا حرف آغاز لکھنے کے لیے کچھ نوٹس بنائے تھے۔ سنو گے؟' میرے اثبات میں سر ہلانے کے بعد پڑھنے لگے۔ جو کچھ میں نے سنا، اس کا خلاصہ یہ تھا کہ اردو شاعری کے مزاج میں علمی سنجیدگی تو درکنار، عام زندگی کے سنجیدہ مسئلوں کے اظہار کے بارے میں سوچنے اور نظم لکھنے یا غزل کہنے کا کوئی سنجیدہ وطیرہ دیکھنے میں نہیں آیا۔ یہ وطیرہ اپنی سوچ میں بھلے ہی انقلابی ہو، اظہار میں رومانی ہے۔ بڑے سے بڑے شاعر کا کارنامہ اس حد تک پہنچ کر ختم ہو جاتا ہے کہ جو غم ہو، اسے غم جاناں بنا دے۔ "بات چاہے جہاں سے نکلے، اس کی جوانی تک پہنچ جائے!" محض دل لگی ہے، یہ شاعری کہاں ہے؟" یار لوگ بیٹھتے ہیں، اشعار میں معشوق کے قصے سنتے ہیں اور چلے جاتے ہیں، نہ کوئی سنجیدہ بات سننے آتے ہیں، نہ کچھ گرہ میں باندھ کر لے جاتے ہیں۔" میں نے کہا، "بھائی جان، اس میں قصور ان بڑے شعرا کا بھی ہے۔" اور ساتھ میں لقمہ دیا۔ "فیض کا نام نہیں لوں گا، جو اپنے پیرایہ اظہار کو غیر رومانی تو کیا، کھردرا تو کیا، ریشم کی طرح نرم، ملائم اور رواں رکھتے ہیں۔"

کہنے لگے، "آپ درست فرماتے ہیں، فیض کو یہ بات منہ پر کہنے کی ہمت کسی میں نہیں ہے کہ وہ اس اصلیت کو سمجھیں کہ اعلےٰ اور ارفع جذبوں کے لیے ضروری نہیں کہ الفاظ بھی اسی قماش کے ہوں۔ آپ بات تو کمزور طبقے کی کر رہے ہیں۔ کراہنا تو غریب کے زخموں پر چاہتے ہیں، اور تکلیف دہ، گھناؤنے، مبتذل الفاظ

سے گریز کرتے ہیں۔ یہ ایمانداری نہیں ہے، روایت کو قائم رکھنے کی سازش ہے، جس میں ہم سب شریک ہیں۔"

دوبارہ اپنی ڈائری سے پڑھنے لگے، "زبان کا مسئلہ تو سادہ سا صرف یہ ہے کہ اس کو عوام کے پیچھے چلنا ہے، عوام کو زبان کے پیچھے نہیں چلنا۔ زندگی کے جسم پر کوئی لباس، اس سے متعلق کوئی تشریح، کوئی تاویل، کوئی توضیح منطبق نہیں ہوتی۔ یہی وجہ ہے کہ اسے جو لباس دیا جاتا ہے، کچھ دن گھِس پٹ کر ختم ہو جاتا ہے اور پھر ایک نئے لباس، نئی تشریح، نئے الفاظ اور نئے اظہار کی ضرورت پیش آتی ہے۔"

خدا جانے میں ان سے فیض کے بارے میں کیا کہلوانا چاہتا تھا، یا وہ بار بار کہتے کہتے رک رہے تھے، اور میں انہیں آہستہ آہستہ وہ بات کہنے کی ہمت دلا رہا تھا، لیکن جب میں نے یہ کہا کہ "مجھ سے پہلی سی محبت مری محبوب نہ مانگ" یا اس جیسے غنائی نغمے فیض نے انقلاب کو رومان کی آنکھ سے دیکھنے کے لیے تو لکھے ہی ہیں، لیکن ان سے عوام کی کیا خدمت ہو سکتی ہے۔۔۔ "تو جیسے ایک دم بادل کا سینہ شق ہو گیا اور اختر الایمان صاحب موسلا دھار بارش کی طرح برسنے لگے۔

کہنے لگے، "میں بزدل تو نہیں لیکن سب کے سامنے یہ بات کہنے سے پہلو تہی کرتا ہوں کہ فیض صاحب کو تاریخ نے ایک سنہری موقع عطا کیا تھا اور وہ ایک جست میں اردو شاعری کو پچاس برس آگے لے جا سکتے تھے، اُن میں شاعرانہ خلاقیت کا تو کوئی اندازہ ہی نہیں ہے لیکن بجائے اس کے کہ وہ اُس کو بروئے کار لاتے، انہوں نے حسن و عشق کے کھنڈرات میں بسی ہوئی ایک دنیا کی پرانی فصیلوں کے اندر ہی ایک دیوار کھڑی کرنی شروع کر دی۔ ضرورت تھی کہ کلچر، سماجیت،

مارکسزم اور برصغیر کے حالات کو اس پیمانے سے ماپا جاتا جسے ہم عقلی استدراک کہتے ہیں۔ لیکن انہوں نے جذبات کا دامن کبھی ترک نہیں کیا۔ خود ہی تو ایک طرف کہتے ہیں کہ دنیا بھر کے شاعروں کے پورے بھائی چارے نے مل کر اس خلیج کو پاٹنا ہے جو برسوں سے محنت کش طبقے اور مراعات پرور بورژوائی طبقے کے درمیان ہے، تو کیا اس کے لیے انہیں شرفا اور امراء کی زبان استعمال کرنا ہوگی؟ غالب سے ہی کچھ سبق لے لیتے جس نے جذبات کو ادراک کی تحویل میں رکھ کر شعر کہے۔"

تھک گئے، تو کچھ دیر کے لیے خاموش ہو گئے۔ وہ بولتے جاتے تھے اور میں ایک طالبعلم کی طرح اپنی ایجاد کی ہوئی اردو شارٹ ہینڈ میں نوٹس لیے جاتا تھا۔ کہنے لگے، "آپ مجھے 'کوٹ' کر سکتے ہیں، کوئی غلط بات تو نہیں کہہ رہا!" گویا اپنے آپ کو تسلی دے رہے ہوں کہ جو کچھ انہوں نے کہا ہے، وہ اس سے منکر نہیں ہوں گے۔ پھر بولے، "کیا انہیں یہ علم نہیں تھا کہ صرف ایک سو برس پہلے تک، یعنی غالب کے زمانے کے بعد بھی کئی دہائیوں تک، شاعری رؤسا، نوابوں کے درباروں یا ذاتی محفلوں کی لونڈی تھی، ان کی انحطاط پذیر خواہشوں کا ایسے ہی ذریعہ تھی، جیسے مرغوں کی لڑائی یا پہلوانوں کا دنگل، یا رنڈیوں کا مجرا۔۔۔ تو فرق کیا رہ گیا اگر فیض اپنی انقلابی شاعری اسی دقیانوسی زبان کے پیش پا افتادہ استعاروں کی مدد سے ان محفلوں میں پڑھیں جن میں صرف کیمبرج اور آکسفورڈ سے پڑھ کر لوٹے ہوئے، گوری میموں کے خاوند ہوں یا ان کے جنے ہوئے شریک ہوں! کسی عوامی جلسے کا بھی ذکر کریں جس میں فیض نے اپنی نظمیں اس انداز سے پڑھی ہوں جیسے جلیانوالا باغ کے خونی سانحے کے زمانے میں عوامی شاعر پڑھتے تھے؟"

اختر بھائی جان کا لہجہ تلخ ہو گیا، بولے، "میری عمر ابھی کچی تھی لیکن میں نے ۱۹۴۲ء کی ہندوستان چھوڑ دو تحریک کے دنوں میں خود امر تسر کے ایک اردو شاعر بھگت رام باغی کو سنا ہے، جی چاہتا تھا، قبلہ جوش کی نظم "کمپنی کے سوداگروں سے" کی طرح اس کو بھی زبانی یاد کر لیا جائے۔ لیکن فیض تو ہونٹوں کے پھولوں کی چاہت کے بغیر دار کی خشک ٹہنی پر وارا جانا بھی پسند نہیں کرتے!"

ماحول میں کچھ تناؤ سا در آیا تھا۔ اس لیے میں اٹھا۔ ان کے لکھنے کے میز پر ہی جو الیکٹرک ہیٹر پڑا تھا، اسے آن کر کے اس پر کیتلی چڑھائی، لیکن انہوں نے اشارے سے منع کر دیا۔ خود اٹھ کر الماری سے وہسکی کی آدھی بھری ہوئی بوتل نکال لائے۔ چائے کے پیالوں کو دھو کر انہی میں انڈیلی اور مجھ سے کہا، "ایک مدت کے بعد سچ بولنے کا یارا ہوا ہے۔ تم بھی کیا کہو گے، ایک ترقی پسند شاعر کے ہاں گئے اور شراب تک نہیں پی۔۔۔" پھر خود ہی فوراً کہنے لگے، "۔لیکن میں کہاں کا ترقی پسند ہوں؟"

کچھ دیر کے بعد پھر بات چیت شروع ہوئی۔ انہوں نے اپنی ایک نظم کا ذکر کیا جو اُنہی دنوں لکھی تھی۔ جب میں نے اصرار کیا تو کہنے لگے، میں سناؤں گا بھی اور یہ بھی چاہوں گا، کہ آپ اسے نقل کر ساتھ لے جائیں اور جہاں چاہے، چھپوائیں۔ یہ نظم لکھتے ہوئے میرے سامنے فیض ہی تھے۔ لیکن اس میں فیض صاحب کا نام کہیں نہیں آیا اور نہ ہی میں چاہتا ہوں کہ آئے۔ اس کا عنوان '©نراج©' ہے، فارسی زدہ اردو میں "طوائف الملوکی" ہو گا، لیکن" نراج " تو سو فیصد لوگ سمجھیں گے، "طوائف الملوکی" شاید ایک فیصد بھی نہیں۔

خوب چلّاؤ، گلا پھاڑو سب
پنبہ در گوش ہے زیست
ہم بندھے بیٹھے ہیں خود اپنی ہی تاویلوں میں
زور سے بولے تو ناموس وفا جائے گی
لب ہلائے تو ہر اک کہنہ روایت، رشتے
سالہا سال کی تاریخ کے تابندہ، سنہری اوراق
یوں بکھر جائیں گے اک پُرزہ ملے گا نہ کہیں
خواجہ نے ایسی بہت باتیں اُڑا رکھی ہیں
ہم مگر خواجہ نہیں ڈر ہمیں کس بات کا ہو
ذرّہ جب ٹوٹا تھا، تخلیق ہوئی تھی یہ زمیں
پنبہ در گوش ہے زیست
سانس کی نالی کو اک دھونکنی سمجھو، چیخو
اتنا چلّاؤ کہ اک شور سے بھر جائے فضا
گونج الفاظ کی کانوں میں دھواں سا بن جائے
اک دھنی روئی سی بن جائیں عقائد سارے
فلسفے، مذہب واخلاق، سیاست، ہر چیز
ایسے گتھ جائیں ہر اک اپنی حقیقت کھو دے
ایسا اک شور بپا کر دو کوئی بات بھی واضح نہ رہے
خود کو کم مایہ نہ سمجھو، اٹھو، توڑو یہ سکوت

پھر نئے دور کا آغاز ہو تاریکی سے!

'یعنی، واقعی 'میں کچھ کہتے کہتے رک گیا۔ لیکن اختر میرے منشا کو فوراً سمجھ گئے۔ بولے، "ہاں، واقعیسن لیتے تو ناراض تو نہ ہوتے بس یہی کہتے کہ اختر، تم بلند بانگ شاعر ہو، میرا لہجہ دھیما ہے لیکن تب میں بھی ترکی بہ ترکی جواب دیتا، لہجے کو مارو گولی، میں اس شعری اسلوب یعنی poetic parlance کی بات کر رہا ہوں، جو آپ نے استعاروں، تشبیہوں، اشاروں اور کنائیوں میں برتی ہے، اور جو اشرافیہ اہل ذوق کی لغت سے اخذ کی گئی ہے۔"

اختر الایمان صاحب نے سید سجاد ظہیر کے ایک خط کا ذکر کیا، جس کے بارے میں مجھے کوئی علم نہیں تھا۔ انہوں نے کہا کہ فیض صاحب کی منٹگمری جیل میں سکونت کے دوران ان کے جیل کے ایک ساتھی سید سجاد ظہیر کو ان کا تازہ کلام بھجواتے تھے، جو ان کی وساطت سے اخبارات اور رسائل میں چھپ جاتا تھا۔ ایک نکتے کی وضاحت کرتے ہوئے ان کو جواب میں سجاد ظہیر نے ۲۱-۲-۱۹۵۴ کو اپنے خط میں لکھا (یہ خط بھی کچھ رسائل میں شائع ہوا)۔ "تم نے اپنے گذشتہ خط میں اس کی طرف اشارہ کیا ہے کہ اب انہیں (فیض کو) ہمت کر کے ایک جست لگانی چاہیے۔ تاکہ ان کی شاعری میں خوشبوؤں، گل بیزیوں کے علاوہ خلق خدا کے اس مبارک پسینہ اور خون کی حرارت کی آمیزش بھی ہو جس سے فی الحقیقت زندگی بنتی، بدلتی اور سنورتی ہے۔" سجاد ظہیر نے اس خیال سے اتفاق کرتے ہوئے یہ لکھا ©۔ "میں ان کو ایسا کرنے کے لیے دھکا نہیں دینا چاہتا ان امید افزا اعلامات کے سبب سے جو حالیہ نظموں اور غزلوں میں خود ہی نظر آرہی ہیں، جو کہ صحیح سمت کا پتہ

دے رہی ہیں، میرے خیال میں وہ خود اس نکتہ کو سمجھتے ہیں۔"

(ڈائری کا اندراج: بمبئی، نومبر ۱۹۶۷ئ)

تتمہ

اختر الایمان صاحب سے میرے دوستانہ مراسم ان کی وفات تک، یعنی میرے ان کے دولت کدے پر قیام کے بعد اکتیس برسوں تک رہے۔ پہلے خط و کتابت سے اور پھر فون سے ان کے ساتھ رابطہ رہا، لیکن ان کے ساتھ مل کر بیٹھنے کا موقع نہ مل سکا۔ میرے پاؤں میں ایک چکر تھا اور اگر میں باہر کے ملکوں کے لیے فلائٹ لیتا بھی تو دہلی سے ہی۔ پھر جب باہر جا کر بس گیا تو آہستہ آہستہ ان سے فون پر بات چیت میں بھی کچھ خلل پڑنے لگا، تو بھی اس دوران میں انہوں نے میرے تیسرے شعری مجموعہ "لہو بولتا ہے" کا پیش لفظ لکھا۔ میں نے بھی السٹریٹڈ ویکلی آف انڈیا کے لیے اپنے کالم میں ان پر ایک مضمون لکھا، جس کے لیے انہوں نے خود مجھ سے فرمائش کی تھی، عینی آپا پر ہوتا تو شاید رد کر بھی دیتیں، لیکن ویکلی کے مدیر خشونت سنگھ میری کسی لکھت کو رد نہیں کرتے تھے۔

***

۵

راجندر سنگھ بیدی کی کچھ یادیں۔۔۔

راجندر سنگھ بیدی کے چھوٹے بھائی سردار ہربنس سنگھ آج کل ٹرائی سٹیٹ واشنگٹن ڈی سی کے اسی علاقے میں رہتے ہیں جہاں میں اقامت پذیر ہوں ادبی محفلوں اور جلسوں میں ان کے ساتھ اکثر ملاقات ہوتی رہتی ہے اور ہم دونوں ان کے مرحوم بھائی کے بارے میں اپنی اپنی یادوں کا تبادلہ کیا کرتے ہیں

راجندر سنگھ بیدی سے یہ پہلی ملاقات نہیں تھی، لیکن ان کے اپنے ماحول میں ان کو دیکھنے، باتیں کرنے، سگرٹ نوشی کے آداب سیکھنے اور گفتگو میں اردو سے پنجابی یا پنجابی سے اردو میں آمد ورفت، ان سب کا مزہ مجھے پہلی بار ملا۔ روزمرہ کی چیزوں کے بارے میں جو پھول ان کے منہ سے جھڑتے تھے، وہ اپنی مثال آپ تھے۔

"سب سے گھٹیا سگرٹ پاسنگ شو ہے۔ پاسنگ شو؟ میرے خُٹّے پر مارا! یعنی برابر سے گذرنے والے کو متاثر کرنے کے لیے سگرٹ پیا جائے!"

"داڑھی مونچھیں ہوں تو چومنا کیا ضروری ہے؟ یعنی آپ کی ریش اور بروت اس کے منہ اور ناک میں پھنستی جائیں۔۔ بس اپنا کام کرو، ازار بند سنبھالو اور راستہ

ناپو!"

(مجھے پہلی بار معلوم ہوا کہ فارسی میں مونچھ کو 'بروت' کہتے ہیں!)

بلونت گارگی تو بنیا در بنیا ہے، اپنی اصل سے بھی اور نسل سے بھی۔ ستپال، کیا تم نے کبھی سنا ہے کہ کوئی بنیا بھی سکھ سجایا گیا ہو؟ سب ذاتوں کے لوگ سنگھ سجائے گئے، براہمن، کھتری، اروڑے، حتیٰ کہ چمار اور چوہڑے بھی، لیکن بنیا لوگ تو مغلوں کے ساتھی تھے، ان سے سکھوں جیسی کسی مارشل قوم کو کیا لینا؟ انہیں تو دینا ہی دینا ہے!"

ڈاک خانے میں ساتھ کے ٹیبل پر ایک سکھ تھا۔ مجھ سے سگرٹ کی ڈبیا مانگ کر لے گیا، کہنے لگا، گھر پی کر دیکھوں گا۔ میں نے کہا، پہلے اپنی بیوی کو بھی پلا لینا، ورنہ اس کے قریب بھی نہ پھٹکنا۔۔۔ دوسرے دن پوچھا تو بولا، یار، کھانسی ہی اتنی آ گئی کہ سگرٹ پھینک دی اور گھر سے باہر نکل گیا۔ یہ رہی تمہاری باقی ماندہ ڈبیا۔۔۔۔ سالا، جھلّا سکھ سردار!"

تم تو، ست پال، اردو ایسے بولتے ہو، جیسے قبض کشا لینے کے بعد بھی کوئی پاخانے میں بیٹھا ہوا مشق سخن کر رہا ہو نیچے سے!"

"دو طرح کے اردو والوں سے سخت نفرت ہے، ایک وہ جو خود کو اہل زبان سمجھ کر پنجابیوں کو جانگلی سمجھتے ہیں اور دوسرے وہ جو سکھوں کے بارے میں بیوقوفی کے لطیفے سناتے ہیں!"

"مجھے درجنوں ایسے لطیفے یاد ہیں لیکن وہ سب پر فٹ کیے جا سکتے ہیں، پٹھانوں پر یا جاٹوں پر"

بلونت گارگی تو اپنے کسی ڈرامے، (غالباً "لوہا کُٹ) پر ایک شارٹ فلم بنوانے کی تجویز لے کر آیا تھا، جلدی ہی واپس چلا گیا، لیکن میں بیدی صاحب کے پاس پندرہ بیس دن رہا۔ ان کی "ایک چادر میلی سی" کو فلمانے کے بارے میں کچھ تجاویز بھی دیں، جو انہوں نے مسکراتے ہوئے اور یہ کہتے ہوئے رد کر دیں، "تمہیں فلموں کی کیا سمجھ! تم اپنی کہانیاں لکھو یا شاعری کرو!"

راجندر سنگھ بیدی کے افسانوں کو ایک بار پھر پڑھنے کا یہ ایک اچھا موقع تھا۔ جب وہ کام کر رہے ہوتے یا کسی سٹڈیو میں گئے ہوتے تو میں ان کی کتابوں کو چھان رہا ہوتا۔ ان کے افسانوں پر بات چیت رات سونے سے پہلے ہوتی۔ وہ میری کہانیوں کی قدر کرتے تھے اور اپنی کہانیوں کے بارے میں میرے رائے کو بھی اس قابل سمجھتے تھے کہ اس پر بات چیت کی جائے۔ "دانہ و دام" میں مشمولہ افسانے مجھے اس لیے پسند تھے کہ ان میں ہندوستان (پنجاب) کی دیہاتی بو باس ہے، جو میرے اندر بھی رچی بسی ہوئی ہے۔ مثال کے طور پر ایک کہانی کا عنوان 'بھولا' ہے۔ ایک بیوہ ماں کا یہ بچہ اپنے نانا سے کہانی سنتا ہے تو اسے پتہ ہوتا ہے کہ دن کو کہانی سننے سے مسافر رستہ بھول جاتے ہیں۔ وہ خود اپنے ماموں کو لاتے ہوئے جب راستہ بھول جاتا ہے تو اسے اپنا یہ 'گناہ' یاد آتا ہے کہ اس نے دن کے وقت نانا سے کہانی سنی تھی۔ اس طرح ایک بچہ جب اپنی ماں سے پوچھتا ہے کہ وہ کہاں سے آیا ہے، تو اس کی ماں اسے بتاتی ہے، "تمہارا باپ ایک سو بیالیس گھنڈیوں والا جال لے کر رام تلائی یا شاہ بلّور کے جوہڑ میں مچھلیاں پکڑنے گیا، وہاں نہ مچھلی تھی، نہ کچھوا، صرف جونکیں تھیں۔ ایک ننھا سا مینڈک، عمر جولاہے کے گھر کے سامنے روئی کے ایک گالے پر

آرام سے بیٹھا ہوا برسات کی خوشی میں گا رہا تھا۔ وہ تم تھے۔ تمہارا باپ تمہیں اٹھا لایا اور ہم نے پال لیا۔"

جب میں نے بیدی صاحب سے کہا کہ یہ کہانی میری بھی سنی ہوئی ہے، تو انہوں نے پیار سے ایک دھپا میرے سر پر مارا اور کہا، "کیسے ہو سکتا ہے؟ یہ کہانی تو میں نے گھڑی ہے!" دوسرا دھّپا زور کا بھی ہو سکتا تھا، اس لیے میں خاموش ہو گیا۔

پنجاب کے دیہات کی زندگی میں یہ متداول کہانیاں اپنی چاشنی اور پر اسرار رموز کی وجہ سے ہر بچہ سنتا ہے اور ساری عمر یاد رکھتا ہے۔ راجندر سنگھ بیدی اور بلونت سنگھ دونوں نے اپنے بچپن کی یادوں کو مجتمع کر کے ان کا استعمال اپنی کہانیوں میں میں کیا ہے۔ ایک اور کہانی جس پر کئی گھنٹوں تک ہم بات چیت کرتے رہے، "اشٹکا"، یعنی 'آٹھ اصول' ہے۔ اس میں پنچ تنتر کا حکایات کا تانا بانا ایسے بُنا گیا ہے کہ اگر کسی کو یہ نہ بتایا جائے کہ یہ کہانی راجندر سنگھ بیدی کی ہے، تو وہ اسے پنچ تنتر کی کہانی ہی سمجھے گا۔ ایک شکاری کو، جو تیر کمان سے معصوم جانوروں کا شکار کرنا چاہتا تھا ،ان جانوروں نے اپدیش دیا۔

ایک سو بکریوں کا مارنا برابر ہے ایک بیل مارنے سے
ایک سو آدمیوں کا مارنا برابر ہے ایک براہمن مارنے کے
ایک سو براہمنوں کا مارنا برابر ہے ایک استری مارنے کے
ایک سو استریوں کا مارنا برابر ہے ایک گربھ وتی (حاملہ) استری مارنے کے
ایک سو گربھ وتی استریوں کا مارنا برابر ہے ایک گائے مارنے کے۔"

ان کے افسانے "گرم کوٹ" پر میں نے راجندر سنگھ بیدی سے جم کر بحث کی۔

میں نے کہا کہ یہ کہانی 'آدرش وادی' یعنی idealistic ہے۔ متوسط طبقے کی زیریں سطح پر ایک گھر، ایک خاوند، ایک بیوی، بچے۔۔۔ سخت سردیوں کا موسم اور خاندان کے سربراہ کے پاس گرم کوٹ کا نہ ہونا، یہ سب مل کر کہانی کا تانا بانا بنتے ہیں۔ کہنے لگے کیا آدرش وادی کہانی ترقی پسند نہیں ہو سکتی؟ میں نے پوچھا، خاندان کے سربراہ کا خودکشی کے بارے میں سوچنا اور صرف یہ سوچ کر باز رہ جانا کہ نہر میں تو گھٹنوں گھٹنوں تک پانی ہے، ڈوبنا غیر ممکن ہے، ترقی پسند اقدار کے منافی ہے۔ بولے، "تم میری کہانی لکھی سنگھ کے بارے میں پڑھو اور پھر مجھ پر یہ سوال کرو۔"

اس کہانی کا عنوان 'آلو' تھا، میں نے پہلے بھی پڑھ رکھی تھی، لیکن ان کے اصرار پر دوبارہ پڑھی۔ اس میں ایک نوجوان کا اشتراکیت کو سمجھنے کا ڈھنگ اور اس کے بیوی بچوں کی ضروریات زندگی کے مابین سیدھا ٹکراؤ ہے۔ وہ ہر روز گھر واپس آتے ہوئے سبزی منڈی کے باہر کھڑے چھکڑوں سے بچے کھچے، گلے سڑے آلو چن کر جیب میں بھر کر گھر لے آتا ہے۔ اس کی بیوی آلوؤں کو ابال کر بچوں کا پیٹ بھرتی ہے۔ پھر ایک دن ایسا ہوا کہ چھکڑا چلانے والوں کی یونین نے اسی کردار، یعنی لکھی سنگھ کے کہنے پر ہڑتال کر دی۔ آلو سبزی منڈی سے غائب ہو گئے۔ اس شام جب وہ لوٹا تو بچے آلوؤں کے انتظار میں بھوکے بیٹھے تھے، جب وہ خالی ہاتھ آیا تو بچے رونے لگے، بیوی نے اس سے جھگڑا کیا اور مزدور تحریک کے بارے میں جلی کٹی سنائی۔ وہ سر پکڑ کر بیٹھ گیا اور اپنی بسنتی کے بارے میں سوچا کہ وہ رجعت پسند ہو گئی ہے۔

میں نے کہا، "یہ طنز کہ وہ سر پکڑ کر بیٹھ گیا اور اپنی بیوی کے متعلق یہ خیال اس

کے دل میں جاگزیں ہوا، "کس پر ہے؟ اشتراکیت کے فلسفے پر یا ہماری معیشت پر؟"
بولے، "جو تم سمجھ لو، لیکن اب تو آدرش واد کا مطلب تمہاری سمجھ میں آ گیا
ہے نا؟"

***

٦

فراق گورکھپوری سے ایک یادگار ملاقات

پنجاب یونیورسٹی چنڈی گڑھ کے پوسٹ گریجویٹ ڈیپارٹمنٹ آف انگلش میں میرے رفقائے کار میں ڈاکٹر مسز نرمل مکرجی بھی تھیں، جو امریکا کی کسی یونیورسٹی سے انگریزی کے ہندوستانی ناول نویس آر کے نارائن پر ڈاکٹریٹ کر کے لوٹی تھیں۔ ان سے معلوم ہوا کہ الہ آباد میں وہ فراق گورکھپوری کی انڈر گریجویٹ کلاس میں تھیں اور ان سے ذاتی طور پر انس رکھتی تھیں۔ میں چونکہ شعبہ انگریزی کی لٹریری سوسائٹی The Three Hundred کا پروفیسر انچارج تھا، میں نے انہیں اس بات پر راضی کر لیا کہ اب کے جب وہ اپنے والدین سے ملنے الہ آباد جائیں تو فراق گورکھپوری صاحب کو راضی کریں کہ وہ پنجاب یونیورسٹی میں ایک توسیعی لیکچر دینے کے لیے تشریف لائیں۔ ہم ٹرین سے فرسٹ کلاس کا کرایہ اور دیگر متعلقہ اخراجات کے ذمہ دار ہوں گے، ان کی رہائش کا گیسٹ ہاؤس میں بندوبست ہو گا۔ اور میں ذاتی طور پر ایک چپراسی کو ان کی خدمت کے لیے ہر وقت ان کے پاس حاضر رہنے کا انتظام کر دوں گا، اوران کے آرام کا خیال رکھنے کے لیے خود بھی موجود رہوں گا۔

فراق گورکھپوری آئے۔ آڈیٹوریم میں ان کی تقریر نے جیسے ہم سب کو مسحور کر لیا۔ شستہ انگریزی لہجہ، اس پر ہر پانچ چھ جملوں کے بعد اردو سے (موضوع سے متعلق) ایک دو اشعار، اور پھر انگریزی میں گل افشانی۔ یہ تجربہ ہم سب کے لیے نیا تھا، کیونکہ ہم تو کلاس روم میں صرف (اور صرف) انگریزی ہی بولتے تھے۔ ایک گھنٹہ بولنے کے بعد تھک گئے۔ میں چونکہ اسٹیج پر تھا اور مجھے بطور شاعر جانتے تھے، مجھے کہا کہ جب تک وہ تھرموس سے پانی (؟) پی کر سانس لیں گے، میں کچھ سناؤں۔ میں نے اپنی ایک نظم انگریزی میں اور ایک اردو میں سنائی۔ تین چار گھونٹ "پانی" پینے اور دس پندرہ منٹ تک آرام کرنے کے بعد پھر تازہ دم ہو گئے۔ ایک بار پھر چالیس پنتالیس منٹوں تک بولے۔ کیا اساتذہ اور کیا طلبہ، سبھی مسحور بیٹھے تھے، کسی کو خیال ہی نہ آیا کہ کتنا وقت گذر چکا ہے۔ تب کلائی کی گھڑی کی طرف دیکھا اور کہا، "بھائی، کوئی کھانا وانا بھی ملے گا کہ نہیں!" اور تب طلبہ کو بھی خیال آیا کہ انہیں ہوسٹل کے میس میں کھانے کے لیے پہنچنا ہے، جس کا وقت گذر چکا ہے۔

شام کو میں گیسٹ ہاؤس پہنچا تو انتظار ہی کر رہے تھے۔ میں وھسکی کی ایک بوتل اپنے اسکوٹر کے بیگ میں رکھ کر لایا تھا اور باورچی خانے میں سوڈے کی بوتلیں پہلے ہی لا کر رکھ دی گئی تھیں۔ تھوڑی دیر میں ڈاکٹر راج کمار بھی آ گئے۔ خاموش طبع انسان تھے اور بہت کم پیتے تھے، اس لیے گفتگو کا فرض ہم دونوں نے ہی ادا کیا۔ میں مودبانہ انداز سے، لیکن کوئی چبھتی ہوئی بات کہہ دیتا اور پھر ان کے منہ سے گل افشانی شروع ہو جاتی۔

ایک موضوع جو زیر بحث آیا اور جس میں مراتب کا خیال رکھے بغیر میں نے

کھل کر بحث کی، وہ شعرا کے لیے ایک آفاقی موضوع کے طور پر "عشق" تھا۔ فارسی اور اردو کے حوالے سے بات شروع ہوئی اور فراق صاحب نے کہا کہ دنیا کی کوئی زبان ایسی نہیں ہے، جس میں دنیائے قدیم سے آج تک یہ موضوع اوّل و آخر نہ رہا ہو۔ "شعرا کے لیے تو التمش و اولیات سے لے کر آخرت اور عاقبت تک عشق ہی عشق ہے۔" انہوں نے اردو اور فارسی سے درجنوں مثالیں گنوانی شروع کر دیں تو میں نے "عذرِ مستی" کا فائدہ اٹھاتے ہوئے عرض کیا کہ ہم تینوں انگریزی کے اساتذہ یہ جانتے ہیں کہ یورپ کی سب زبانوں کے قدیم ادب میں "عشق" کی وہ pre-eminent position نہیں، جس کا دعوےٰ آپ فرما رہے ہیں۔ ہومرؔ کا موضوع ہیلنؔ کا اغوا نہیں ہے، حالانکہ سمجھا یہی جاتا ہے، بلکہ دیوتاؤں کے دو الگ الگ فرضی گروپوں، مسئلۂ جبر و قدر کے عمل اور ردِّ عمل کی نقاشی ہے۔ دو تمدنوں کے بیچ کا سنگھرش ہے۔ دانتےؔ کا موضوع بھی عشق نہیں ہے (جنس تو بالکل نہیں ہے، جیسے کہ فارسی ادب میں امرد پرستی کے حوالے سے ہے)۔ دانتےؔ کے بارے میں یہ سوچنا غلط ہے کہ چونکہ "بیاترچےؔ" جنت میں اسے راہ دکھاتی ہے، اس لیے تانیثی حوالہ فراموش نہیں کیا جا سکتا۔ اسی لیے وہ اپنے تصور میں آگ کی بھٹّیوں میں "پاولوؔ" اور "فرانچسکاؔ" کو حالت جماع میں دیکھتا ہے کہ یہ ظاہر ہو کہ جنسی آزاد روی دوزخ کا پیش خیمہ ہے۔

فراق جیسے حالتِ استغراق میں مبہوت سے بیٹھے میری طرف دیکھتے رہے۔ تب میں نے کہا کہ شیکسپیئر نے اتنی بڑی تعداد میں ڈرامے لکھے لیکن ان میں صرف تین ایسے ہیں جنہیں کھینچ تان کر عشق کے زمرے میں رکھا جا سکتا ہے۔ "انتھونی

اینڈ کلیو پیٹرا"، "رومیو اینڈ جولیٹ"، تو یقیناً مرد اور عورت کے عشق کے موضوع پر ہیں، لیکن "اوتھیلو" عشق کے علاوہ رنگ و نسل اور ازدواجی زندگی کے بارے میں بھی ہے۔ اس سے پیچھے جائیں تو چودھویں صدی میں ہمیں "داستان" کے زمرے میں چاسر کا طویل بکھان ملتا ہے، جس میں عشق سرے سے ہے ہی نہیں۔ اس سے پہلے زمان وسطیٰ کی تخلیق Beowolf ہے، اس کا بھی عشق سے براہ راست کوئی تعلق نہیں، تو انگریزی ادب کی شروعات تو عشق کے الوہی یا جنسی مسائل سے کوئی تعلق نہیں رکھتی۔ لواطت تو خیر، ۔۔۔۔میں کچھ کہتے کہتے رک گیا، کیونکہ فراق چونکے۔ بوتل سے وہسکی انڈیل کر میرا گلاس پوری طرح بھر دیا اور بولے، "انگریز سالے تو نامرد ہیں، لیکن آپ درست کہتے ہیں، فارسی کے حوالے سے جو اردو کی مائی باپ ہے، البتہ اول و آخر عشق صحیح ہے کہ نہیں؟" میں نے عرض کیا، "جی ہاں، صحیح ہے۔"

خوش ہو گئے۔ فرمایا، "کبھی الہ آباد آئیں تو غریب خانے پر بھی تشریف لائیں۔"

***

۷

میلوڈی کوِئین: شمشاد بیگم

۱۹۵۱ء میں جب میں پہلی بار ان سے ملا تو میری عمر پچیس برس تھی اور میں جانتا تھا کہ وہ مجھ سے سترہ برس بڑی ہیں اور ان کی عمر بیالیس کے لگ بھگ ہے۔ لیکن ان کے چہرے مہرے سے ان کی عمر کا اندازہ لگانا اس لیے مشکل تھا کہ وہ بیک وقت ۴۲ برس کی بھی لگتی تھیں اور ۲۵ برس کی بھی۔ یعنی وہ جو ایک کہاوت ہے کہ ہر عورت خود کو اپنی اصلی عمر سے چھوٹا ثابت کر کے خوش ہوتی ہے، ان پر لاگو نہیں ہوتی تھی۔ اس کی ظاہری وجہ تو عیاں تھی، یعنی ان کا چہرا میک اپ سے بے نیاز تھا، آنکھوں کے گرد کچھ جھُریاں اس وقت بھی ابھری ہوئی تھیں اور ہونٹ مصنوعی سرخی کے مرہونِ منت نہیں تھے۔ اس کے علاوہ جاذبِ نظر شخصیت کا ہونا بات چیت کے انداز، چہرے کے اتار چڑھاؤ اور بدن بولی کی حرکات پر منحصر ہے، اور لگتا یہ تھا کہ یہ فن انہوں نے جان بوجھ کر سیکھا نہیں ہے۔ وہ سیدھے سادے چہرے کی ایک گھریلو خاتون لگتی تھیں جو ایک سادہ ہلکے نیلے بلاؤز اور اس سے مطابقت رکھتی ہوئی سوتی ساڑھی میں ملبوس تھیں۔ نائلون اور دیگر مصنوعی پارچہ جات کا وقت ابھی نہیں آیا تھا اور ریشم شاید انہیں مرغوب نہیں تھا، چہ آنکہ "شو بزِ" سے تعلق

رکھنے والی خواتین تو ایک سے ایک بڑھ کر ریشمی ساڑھیاں پہنتی ہیں، اور کئی تو اپنے وارڈروب میں ایک سو سے کم کی تعداد میں ساڑھیاں رکھنے کی قائل ہی نہیں ہیں۔

میں اپنے مرحوم دوست ساحر لدھیانوی کے گھر گرمیوں کی تعطیلات میں لدھیانہ سے بمبئی جا کر ایک ماہ کے لیے ٹھہرا ہوا تھا اور جہاں بھی وہ مجھے ساتھ لے جانا چاہتے تھے، تیار ہونے کے لیے کہہ دیتے تھے، ورنہ میں بسوں پر اپنے دوستوں سے ملنے کے لیے خود ہی بھٹکتا پھرتا رہتا تھا۔ اس لیے جب انہوں نے ایک دن مجھے کہا کہ ہمیں ITTP نیوی ہال میں شمشاد بیگم کو سننے کے لیے جانا ہے تو میں اپنی بہترین بُش شرٹ اور پینٹ پہن کر تیار ہو گیا۔ ہم لوگ کار سے گئے۔ ہال میں فلمی شخصیتوں کے لیے مخصوص اگلی قطار میں رکھے ہوئے صوفوں پر بیٹھے۔ جب وہ اسٹیج پر آئیں تو انہوں نے بیٹھنے سے پہلے سب کو جھک کر آداب کہا، پھر ہاتھ جوڑے اور تب گاؤ تکیے کے سہارے بیٹھ گئیں، سازندے پہلے ہی بیٹھ چکے تھے۔ یہ شو شاید نیوی اسکول کے لیے fund raising function تھا۔ چونکہ سامعین میں زیادہ تر نیوی کے افسر اوران کی بیویاں تھیں اور اگلی قطاروں میں فلمی دنیا سے تعلق رکھنے والے لوگ تھے، اس لیے زیادہ زوران فلمی گانوں پر ہی رہا جو شمشاد بیگم نے گائے تھے۔ فلم "زمیندار" کا گیت "دنیا میں غریبوں کو آرام نہیں ملتا" ان سے دو بار سنا گیا۔ اسی طرح فلم "خزانچی" کا گیت "ایک کالی، نازوں سے پالی" چیف آف دی نیوی اسٹاف کی فرمائش پر انہوں نے دو بار گایا۔ لیکن جس گیت نے سب سے زیادہ لوگوں کو متاثر کیا وہ "مدر انڈیا" کا گیت تھا جو انہی دنوں ریلیز ہوئی تھی۔ "چھوڑ بابل کا گھر، موہے پی کے نگر، آج جانا پڑا"۔

چونکہ میں ساحر کے ساتھ تھا اور مجھے وہاں میرے دوستوں میں سے کرشن چندر کے چھوٹے بھائی مہندر ناتھ، ناول نگار عادل رشید اور 'ہر جگہ مفقود مگر موقعے پر موجود' کی زندہ مثال صابر دت بھی مل گئے تھے، اس لیے شو کے بعد چائے پارٹی پر بھی ہم لوگ ساتھ ساتھ رہے، لیکن جب ساحر اس ٹیبل پر جا بیٹھے جہاں شمشاد کے ساتھ نیوی چیف اور ان کی پتنی بیٹھی تھیں تو میں اپنے دوستوں کی نظر بچا کر ساحر کے ساتھ جا بیٹھا۔

مجھے علم نہیں کہ شمشاد بیگم صاحبہ کو میری شخصیت میں کیا دکھائی دیا کہ باتیں کرتے کرتے انہوں نے ہاتھ کے اشارے سے مجھے اپنے پاس آکر دوسری کرسی پر ایسے ہی بیٹھنے کے لیے کہا جیسے کسی بچے کو اپنے پاس بلایا جاتا ہے۔ ساحر کے یہ بتانے پر کہ میں اس کے آبائی شہر لدھیانہ میں رہتا ہوں، اور افسانے لکھتا ہوں، انہوں نے پوچھا۔ "شعر بھی آپ کہتے ہیں صاحبزادے؟" جب میں نے اثبات میں سر ہلایا تو انہوں نے کہا، "کچھ سنائیے!" میں نے ایک مختصر غزل کے چار پانچ شعر تحت اللفظ پڑھے۔ وہ داد دیتی رہیں لیکن جب میں مقطع پڑھ چکا تو انہوں نے ارشاد کیا، "شاعر کو ترنم سے پڑھنا چاہیے۔ نظم تو خیر روانی سے تحت بھی پڑھی جاتی ہے، لیکن غزل!۔۔۔نا، بابا، نا۔۔۔ غزل تو گانے کی محتاج ہے، اسے ترنم سے ہی پڑھنا چاہیے"!

میں یہاں یہ عرض کر دوں کہ ان دنوں غزل کا جادو میرے سر پر ایسے ہی چڑھا ہوا تھا جیسے میری ہی عمر کے کچھ شاعروں پر آج تک ہے، لیکن کچھ برس بعد ہی میں اس صنفِ شعر سے منحرف ہو گیا۔ لیکن یہ ایک دوسری کہانی ہے۔

اس برس جنوری میں مجھے جب یہ پتہ چلا کہ شمشاد بیگم کو ہندوستان کی حکومت سے پدم بھوشن ایوارڈ دیا گیا ہے تو مجھے دو باتوں کا خیال آیا۔ ایک تو یہ کہ دیر آید، درست آید، لیکن یہ انعام انہیں کم از کم چوتھائی صدی کی تاخیر سے دیا گیا ہے، اور دوسرا یہ کہ پرتیبھا پاٹل صاحبہ سے یہ ایوارڈ لیتے وقت وہ کس قسم کی ساڑھی پہنے ہوئے تھیں۔ یہ خیال احمقانہ تھا لیکن اسے چیک کرنے کے لیے میں نے وہ کلپ کھوج کھوج کر انٹر نیٹ سے نکالا اور دیکھئے یہ حسنِ اتفاق کہ ان کی ساڑھی اور پرتیبھا پاٹل صاحبہ کی ساڑھی میں بالکل فرق نہیں تھا۔ وہ بھی سوتی تھی اور یہ بھی سوتی تھی۔ البتہ بارڈر کی پٹی کا رنگ مختلف تھا۔

شمشاد امرتسر میں پیدا ہوئیں ۔ ان کا آبائی مکان گولڈن ٹیمپل سے (جو سکھوں کا قبلہ و کعبہ ہے) زیادہ دور نہیں تھا۔ بچپن سے ہی گانے کا شوق تھا، لیکن چوری چھپے ہی ایک سہیلی کے گھر باجے پر ریکارڈ چڑھا کر سہگل کے گیت سنا کرتی تھیں۔ سہگل ان کا مرغوب سِنگر تھا۔ انہوں نے ایک بار ایک انٹرویو میں کہا کہ سہگل کی فلم "دیوداس" انہوں نے چودہ بار دیکھی، اور پھر یہ بھی کہا کہ میری کچھ جاننے والیاں ایسی بھی تھیں جو جب تک یہ فلم لوکل سنیما گھر میں لگی رہی، اسے روزانہ دیکھنے جاتی رہیں۔

حالانکہ مردانہ اور نسوانی آوازوں کی گائیکی میں موازنہ ممکن نہیں ہے، تو بھی یہ کہا جا سکتا ہے کہ شمشاد بیگم کی گائیکی میں سہگل کی گائیکی کا ایک عنصر جو ملتا ہے، اسے انگریزی میں drawl کہا جاتا ہے۔ یہ وہ 'لے کاری' ہے جس میں ایک لفظ کے انتم vowel یعنی 'آ آ' یا 'اے اے' یا 'ای ای' کو لمبا کھینچ کر 'لہریے' میں چھوڑ دیتے

ہیں۔ سہگل تو اسے 'اروہی دروہی' تک آگے بڑھا دیتا تھا، لیکن شمشاد صرف اسے ایک hypnotic drawl تک ہی لے جاتی تھیں۔

شمشاد ('بیگم' ان کے نام کے ساتھ بدیر جوڑا گیا)، اپنی پہلی ریڈیو اسٹیشن پوسٹنگ میں پشاور تعینات ہوئیں۔ کچھ دوسرے آل انڈیا ریڈیو کے اسٹیشنوں میں، جن پر ان کی پوسٹنگ ہوئی، لاہور اور دہلی بھی شامل ہیں۔ ان دنوں کسی بھی براڈ کاسٹ کی رینج ایک ڈیڑھ سو میل سے زیادہ نہیں ہوتی تھی، اس لیے ان کے گائے ہوئے گیت شہر اور نواحی قصبہ جات میں ہی سنے جاسکتے تھے۔

ان کی شادی گنپت لال بٹّو سے ہوئی جس سے ایک بیٹی اوشا ہوئی جس کا نام اب اوشا رترا ہے۔ بیگم شمشاد ممبئی میں رہتے ہوئے بھی خال خال ہی فلمی محفلوں میں جاتی تھیں۔ سماجی تقریبوں میں انہیں اپنی بیٹی اور داماد کے ساتھ ہی دیکھا جا سکتا تھا۔

آپ کو ایک راز کی بات بتاؤں جس کو افشا کرنے والے میرے مرحوم دوست ساحر ہیں؟ شمشاد بیگم اپنی تصویر کھنچوانے سے حتےّ الوسع پرہیز کرتی تھیں۔ کسی بھی تقریب میں فوٹو گرافر کو دیکھ کر منہ پھیر لیتی تھیں اور بعد میں تو پیشہ ور فوٹو گرافروں کو اس بات کا تجربہ ہو گیا تھا اور وہ انہیں پریشان نہیں کرتے تھے۔ اس کی وجہ کیا تھی؟ کیا انہیں یہ احساس ہے کہ وہ نور جہاں جیسی گلوکارہ کی طرح خوبصورت نہیں ہیں؟ لیکن نہیں، ان کی جونیر گلوکارہ، مثلاً منگیشکر بہنیں بھی حوریں نہیں تھیں، تو بھی وہ اپنی تصویر کھنچوانے سے پرہیز نہیں کرتی تھیں۔ بہر حال شمشاد بیگم کی زیادہ تصویریں لوگوں کے پاس نہیں ہیں۔ جب میں فلمی رسالہ 'شمع' کا

بے حد پسندیدہ قلمی معاون تھا اور مدیران یونس دہلوی، الیاس اور ادریس میرے دوستوں میں تھے تو میں نے 'شمع' کے دفتر کی اوپر کی منزل میں، جہاں اندرجیت آرٹسٹ (بعد ازاں کل وہ امروزؔ کے نام سے پہچانے گئے) بیٹھتے تھے، بہت سی اداکاراؤں اور گلوکارہ خواتین کی تصویریں دیکھی تھیں۔ جہاں تک میری یادداشت کام کرتی ہے، شمشاد بیگم کی تصویر ان میں نہیں تھی۔

وہ شہرت کے بام پر کیسے پہنچیں؟ کہا جاتا ہے کہ ان کی شیشے کی طرح شفاف آواز نے (جس میں ہر لفظ صفائی کے ساتھ الگ سے سنائی پڑ جاتا ہے)، سارنگی نواز استاد حسین بخش والا کو اپنی طرف متوجہ کیا اور انہوں نے شمشاد کو اپنے تلامذہ میں لے لیا۔ پہلے پہل لاہور کی فلم نگری سے ہی انہیں کام ملا اور اس میں بھی استاد حسین بخش والا کا ہی ہاتھ کارفرما تھا۔ غلام حیدر صاحب نے شمشاد کو فلم 'خزانچی' میں کام دلوایا۔ 'خاندان' میں بھی کام دلوانے میں غلام حیدر صاحب کا ہی ہاتھ تھا۔ جب انہوں نے بمبئی ہجرت کی تو شمشاد بیگم بھی بمبئی آ گئیں۔ سوال پوچھا جا سکتا ہے کہ کیا اوشا منگیشکر کی طرح شمشاد بیگم نے بھی کوئی جدید قسم کا گانا گیا؟ جی، ہاں، ان کا ایک گانا بہت مشہور ہوا اور خود مجھے بھی بہت برسوں کے بعد پتہ چلا کہ یہ ان کا گایا ہوا ہے۔ یہ گانا تھا۔ "آنا میری جان، سنڈے کے سنڈے!"

مجھے کچھ الفاظ اور لکھنے کی اجازت دیجئے۔ شمشاد کی آواز ایک قسم کے nasal twang کی طرف کھچاؤ رکھتی تھی، لیکن الفاظ اس قدر صاف ادا ہوتے تھے کہ گئے وقتوں کے بھرے میلے میں ان کی آواز الگ سے شناخت کی جا سکتی تھی۔ یہ خداداد حسنِ ادائیگی ان ناموں میں سے کس کے پاس اتنا بدرجۂ احسن موجود تھا، جتنا ان

کے پاس تھا۔ نام ہیں، امیر بائی کرناٹکی، گیتا دت، لتا منگیشکر، آشا بھوسلے اور نور جہاں۔

او۔پی۔ نیّر نے کہا تھا، شمشاد بیگم کی آواز صراحت اور خوش ادائیگی میں مندر کی گھنٹیوں کی مقدس آواز کی طرح ہے اور من کو موہ لیتی ہے۔

* * *

۸

شوکت صدیقی: ایک سوانحی مونتاژ

۔۔۔ منظر۔ چار ساڑھے چار برس کا لڑکا۔ اودھی اور ہند اسلامی تہذیب کے گہوارے لکھنؤ میں موسم گرما کی ایک صبح، اپنے بڑے بھائی کی انگلی پکڑے ہوئے، اس کی رفتار کے ساتھ اپنے قدم ملاتا ہوا چل رہا ہے۔ لٹھے کا پائجامہ اور کرتا، پاؤں میں چپل، ہاتھ میں ایک پُچی ہوئی تختی اور اردو کا قاعدہ۔ اس کی منزل مدرسہ فرقانیہ ہے، جو گھر سے کچھ دوری پر ہے۔ مقصد حصول تعلیم کا ہے، ناظرہ اور قرآن پاک کے چند سپارے حفظ کرنے کا ہے۔

۱۹۲۸ ۰۔۔ منظر۔ یہی لڑکا، کھلتا ہوا رنگ، چپل کی جگہ باٹا کے ربڑ کے بوٹ، ویسا ہی کُرتا، بے داغ دھُلا ہوا، اور پائجامہ اپنے بڑے بھائی حامد حسین صدّیقی کے ساتھ۔ آج وہ یحییٰ گنج ورنیکولر اسکول میں داخلے کے لیے گامزن ہے۔ چہرے پر بشاشت ہے۔ آنے والے دنوں کی خوش بختی کے واضح نشان ہیں۔

۱۹۳۰ ۰۔۔ منظر۔ اسکول کا جلسہ تقسیم انعامات۔ اس کا نام لے کر پکارا جاتا ہے۔ وہ اپنی جماعت یعنی درجہ سوئم میں اوّل آیا ہے۔ اسٹیج پر آنے کے بعد اسے ایک چھوٹا سا مٹھائی کا ڈبّہ اور ایک سند دی جاتی ہے۔ اب یہ لڑکا خوشی خوشی گھر کی

جانب رواں ہے۔ اب اسے گورنمنٹ ورنیکولر اسکول میں داخلے کے لیے زیادہ تردّد نہیں کرنا پڑے گا۔ وہ جانتا ہے کہ اس کے ربڑ کے بوٹ گھس چکے ہیں۔ تلووں میں کہیں کہیں سوراخ بھی ہیں۔ وہ جانتا ہے کہ گورنمنٹ ورنیکولر جوبلی اسکول گھر سے کچھ زیادہ دوری پر ہے۔ چلنا بھی دور تک پڑے گا۔ ربڑ کے بوٹوں کے گھس جانے اور چھوٹا ہو جانے سے اندازہ لگایا جا سکتا ہے کہ اس کے بڑے بھائی صاحب کے گھر کی مالی حالت ٹھیک نہیں ہے۔

منظر۔ ساتویں درجے تک کی تعلیم کے لیے اندھیرا پڑ جانے پر گھر میں مٹی کا لالٹین جلا کر پڑھنا ایک مشکل امر ہے کیونکہ گھر میں ایک ہی لالٹین ہے اور اگر دوسرا ہو بھی تو۔۔؟ وہی لالٹین اٹھائے ایک کمرے سے دوسرے کمرے تک جانا پڑتا ہے۔

۱۹۳۴ -۱۹۳۸- نویں درجے تک جوں توں کر کے تعلیم۔ کوئی ریکارڈ نہیں ملتا کہ کسی مضمون میں اوّل آیا ہو، یا کھیلوں میں کوئی انعام یا تمغہ حاصل کیا ہو۔ کوئی تحریر کردہ حوالہ نہیں کہ کتابوں، کاپیوں، سلیٹوں، پنسلوں کی خرید کے لیے پیسہ کہاں سے آیا یا نہیں آیا!

تیرہ برس کی عمر میں ہی محکمہ ڈاک اور تار میں "پورٹر بوائے"، کے طور پر جز وقتی ملازمت۔ یعنی ڈاک سے بھرے ہوئے تھیلے اٹھا کر ٹھیلوں پر لادنے کا کام۔ کُل آمدنی۔ دس سے بارہ روپے ماہانہ تک۔ لیکن گھر کی خستہ حالت کے حوالے سے یہ بھی بے حد کار آمد!

ایک عجیب و غریب منظر۔ ماسٹر جگت نارائن سکسینہ کا دو کمروں کا مکان۔

دالان میں تین لڑکے فرش پر بیٹھے ہیں، ان میں سے ایک شوکت ہے ماسٹر صاحب خود موڑھے پر براجمان ہیں۔ شعر و شاعری ہو رہی ہے! جی ہاں، شعر و شاعری ہو رہی ہے!! سبھی اپنی اپنی "نگارشات" پڑھ کر سنا رہے ہیں۔ شوکت، جی ہاں، تیرہ برس کا شوکت، اپنا ایک مصرع پڑھتا ہے۔ "اس نے کہا، میں نے سنا، اک پل میں باتیں ہو گئیں!" دوسرا مصرع پڑھنے سے پہلے ماسٹر جگت نارائن سکسینہ کے چہرے کی طرف دیکھتا ہے۔ وہاں حیرت اور انبساط کے ایک رنگ آتا ہے، ایک رنگ جاتا ہے۔ تب شوکت دوسرا مصرع پڑھتا ہے۔ "پھر وصل کے دن چل دیے، ہجر کی راتیں ہو گئیں!" ماسٹر صاحب کے چہرے پر خفگی تو نہیں، البتہ مایوسی کے آثار نظر آتے ہیں۔ "برخوردار، دوسرا مصرع بحر سے خارج ہے۔ اسے درست کرو اور اگلی نشست میں پھر سناؤ!" ۔۔۔ماسٹر جگت نارائن سکسینہ کی صحبت میں اردو ادب کی کلاسیکی اور نیم کلاسیکی روایت سے تعارف۔ شوکت (مرحوم) راقم الحروف کے نام اپنے مکتوب میں لکھتے ہیں۔ (۱۲ جنوری ۱۹۵۵ئ) "مرنجاں مرنج آدمی تھے لیکن غالب سے بھی زیادہ میر تقی میر کے رسیا تھے۔ ایک بار، نہ معلوم کہاں سے دو چار روپے ادھار مانگ کر ایک اچھی گلوکارہ کے کوٹھے پر گئے جسے ایک رقعے کے ساتھ میر تقی میر کی ایک غزل بھجوا چکے تھے۔ اس نے دیگر شائقین کی موجودگی میں غزل گا کر سنائی۔ آواز کا جادو چلا تو سب نے داد دی، لیکن ماسٹر صاحب چپکے بیٹھے رہے اور پھر چپکے سے ہی سیڑھیاں اتر کر واپس آ گئے۔ دوسرے دن پیغام بھجوایا، "بائی صاحبہ، اپنا تلفّظ صحیح کر لیں۔ میر اگر آپ کی آواز میں اپنی غزل سنتا تو بے چارے کی روح تڑپ جاتی!"

۱۹۲۸ء تا ۱۹۳۸ئ۔۔۔ دس یا گیارہ برس ایک حساس لڑکے کو زندگی کا تلخ سبق سکھانے کے لیے کافی ہوتے ہیں۔ فاقے کی نوبت تو شاید نہ آتی ہو لیکن اگر شوکت صدیقی کی کچھ کہانیوں میں سوانحی عنصر تلاش کیا جائے تو صرف دو کرتے اور دو پائجامے ہونے اور صرف ایک جوڑا ربڑ کے سلیپر نما بوٹ ہونے کا سراغ ملتا ہے۔ بھائی کے گھر میں اپنے اور بھائی کے بچوں کے کپڑے دھونے اور گھر کے کام کاج میں بڑی بھابھی کا ہاتھ بٹانے کی کچھ سُو بُو ملتی ہے۔ جیب خرچ کے بالکل نہ ہونے اور آدھی چھٹی کے وقت جب دیگر لڑکے خوانچہ فروشوں کے گرد جمگھٹ لگا کر چٹپٹی چیزیں خرید رہے ہوتے تھے تو ان سے دور کھڑے ہو کر گلی میں آتے جاتے لوگوں کو دیکھ کر گم صُم رہنے کی خبر ملتی ہے۔

۱۹۲۸ء سے ۱۹۳۸ء تک کچھ جز وقتی نوکریاں، پرائیویٹ امیدوار کی حیثیت سے انٹر میڈیٹ کے امتحان میں کامیابی۔ کرسچین کالج میں داخلہ۔ بی اے میں ناکامی۔ حالات نہایت ناموافق۔ ۱۹۴۴ء میں بی اے پاس کرنے کی دوسری کوشش میں بھی ناکامی!

سرسوتی دیوی کیسے ایک نوجوان پر مہربان ہوتی ہے، اس کا ذکر تو آگے آئے گا۔ پہلے یہ دیکھ لیں کہ دولت کی دیوی لکشمی اور علم و فن کی دیوی سرسوتی میں خدا واسطے کا بیر ہے۔ جب آپ سرسوتی کے عابد بنتے ہیں، تو عمر بھر کی معاشی تنگ و دو کا بیع نامہ لکھ کر اپنے دستخط ثبت کر دیتے ہیں اور پھر آپ اس تصدیق شدہ حلف نامے سے واپس دولت اور جاہ حشم کی دیوی لکشمی کی طرف مراجعت نہیں کر سکتے۔

تو صاحبو، ہمارے شوکت صدیقی اٹھارہ برس کی عمر میں ہی ادب سے ایسے

وابستہ ہوئے کہ ادب ہی اوڑھنا اور بچھونا ہو کر رہ گیا۔

ترقی پسند تحریک زوروں پر تھی۔ اس کم عمری میں ہی پہلے بھوپال اور پھر لکھنؤ واپس آنے کے بعد اس وقت کے معروف ترین اہل قلم میں اٹھنے بیٹھنے لگے۔ لیکن ادبی سفر کی ابتدا ۲۰ برس کی عمر میں، یعنی ۱۹۴۳ء میں ہوئی جب مظہر رضوی کے اشتراک سے ادبی ماہنامے "ترکش" کا اجراء کیا۔ نہ معلوم کن صعوبتوں سے گذر کر دو برسوں میں "ترکش" نے آٹھ دس شمارے شائع کیے۔ خریدار تو ویسے ہی مفقود تھے۔ ادبی رسالوں اور وہ بھی اردو ادبی رسالوں میں کمرشل اشتہاروں کا رواج ہی نہیں تھا۔ لے دے کے ہمدرد دوا خانے والے ایک صفحے کا اشتہار دے دیتے تھے۔

لکھنؤ عجیب شہر تھا۔ جیسے کہ مجاز نے کہا ہے، شہر دانشوراں، شہر نگاراں، شہر خوباں! اسی لیے تو اس البیلے شاعر نے لکھنؤ کے اپنے مختصر قیام کے دوران، اس شکایت پر کہ حسینان لکھنؤ اپنے مقامی عاشقوں کو چھوڑ کر ان کی طرف کھنچے چلے آ رہے ہیں، کہا تھا:

کچھ روز کا مسافر و مہماں ہوں، اور کیا
کیوں بدگماں ہیں یوسف کنعان لکھنؤ؟

لکھنؤ عجیب شہر تھا۔ پنڈت کشن پرشاد کول تھے۔ نواب جعفر علی خان اثر تھے۔ پروفیسر احتشام حسین تھے۔ ڈاکٹر عبدالعلیم تھے اور نیاز فتحپوری تھے جن کے قلم کی روانی اور شعلہ بیانی کے سامنے کوئی نہیں ٹکتا تھا۔

ان کے ساتھ مستقل اٹھنے بیٹھنے کی عادت نے جہاں طبیعت کو صیقل کیا، وہاں

کچھ کرنے اور کر دکھانے کی ہمّت بھی دی۔ اس وقت کے سر گرم ادبی احاطے انڈیا کافی ہاؤس اور دانش محل تھے۔ صبح جانا اور شام کو لوٹنا۔ کبھی کوئی 'فین' (یار لوگ آپسی بات چیت میں اسے 'کبوتر' کہتے تھے!) آجاتا تو کافی کے آرڈر کے علاوہ بھی کچھ منگوالیا جاتا، جیسے کہ ایک دوسا یا ایک پلیٹ بڑا۔ اگر کوئی نہ آتا تو ایک فرلانگ کی دوری پر نانبائی کی دکان تھی جہاں مستقل اُدھار چلتا تھا، وہاں سے نان اور سالن!

تب دو رسالوں کے ساتھ اور انسلاک ہوا۔ خلیق ابراہیم کے ساتھ ایک رسالے کی ادارت میں شامل ہوئے (نام بھول گیا ہوں!) اور حیرت گورکھپوری کی زیر ادارت دوماہی رسالے "جدید ادب" میں ڈیڑھ برس ملازمت کی۔ تنخواہ سے زیادہ ایڈوانس لے لینا دستور تھا۔

کانپور پھر لوٹے۔ نواب گنج ہائی اسکول میں تاریخ پڑھانے کی عارضی اسامی ملی۔ تبھی یہ خیال آیا کہ تعلیم مکمل کرنا ضروری ہے۔ چار برس لگے، لیکن ۱۹۴۸ء میں بالاخر ایم اے کر ہی لیا۔

"ادبی کارکردگی کی تاریخ بھی ایسی ہی خلط ملط ہے، جیسے کہ زندگی۔ شاعری سے آغاز کیا لیکن چل نہیں پائے۔ ایک استاد شاعر خواجہ عبدالرُوف عشرت سے اصلاح سخن لی، لیکن بالاخر ترک سخن اور نثر کی طرف مراجعت۔ لگ بھگ پچاس ساٹھ کے قریب سماجی، رومانی، عشقیہ افسانے لکھے جو ہفتہ وار "پیام" لاہور اور اسی ادارے کے دیگر رسالوں میں چھپے۔ "شاعر" آگرہ میں اور دوماہی "نیادور" میں بھی لکھا

راقم الحروف کو ایک خط (بتاریخ سات اکتوبر ۱۹۵۷ء) میں لکھتے ہیں۔ "آپ

کہتے ہیں کہ بیس برس کی عمر سے لے کر اب تک، یعنی ستائیس برس کی عمر تک آپ نے نان ونمک کے لیے نام بدل بدل کر بیس تیس جاسوسی ناول لکھے ہیں، ساٹھ سے اوپر افسانے لکھے ہیں اور دو نہایت سنجیدہ ناول لکھے ہیں اور یہ کہ آپ دس دس گھنٹے روز لکھتے ہیں بھئی، آپ کو سلام! میں تو اتنا کام نہیں کر سکتا! درست ہے آپ کو اپنے علاوہ بے وہ ماں اور دو چھوٹے بہن بھائیوں کا پیٹ بھی تو پالنا ہے!)

انجمن ترقی پسند مصنفین کے ساتھ بطور سکہ بند ممبر وابستگی آخر رنگ لائی۔ گرفتاریاں ہوئیں تو یہ بھی دھر لئے گئے۔ دو ماہ کی جیل ہوئی۔ مشروط رہائی ہوئی کہ اب وہ اس تنظیم سے کوئی واسطہ نہیں رکھیں گے۔ خیال آیا، خیال کیا آیا، سرحد پار کے دوست بار بار پیغام بھیجتے تھے کہ کراچی اردو والوں کے لیے ایک جنّت نشان شہر ہے۔ " آ جاؤ، یہاں تمہارے لیے وہ سب کچھ ہے، جس کے لیے تم مارے مارے پھر رہے ہو۔"

آخر پرمٹ کے ذریعے اپریل ۱۹۵۰ء میں پاکستان کو روانگی۔ پہلے لاہور پہنچے۔ کچھ ماہ یہاں قیام کیا۔ مدتّوں بعد ایک خط میں مجھے لکھا، "لاہور میرے لیے بنا ہی نہیں تھا، نہ ہی میں لاہور کے لیے بنا تھا۔" اور پھر سرگوشی کے سے لہجے میں ایک بریکٹ ڈال کر لکھتے ہیں۔ (قاسمی صاحب کے گھر پہنچنے پر ہاجرہ مسرور اور خدیجہ مستور نے بھی شاید یہی محسوس کیا ہو!) لاہور والے "غیر لاہوریوں" کو کب خاطر میں لاتے ہیں؟

ایک بار میں نے شوکت کو کچھ اس قسم کا خط لکھا، "آپ مجھ سے آٹھ برس بڑے ہیں، لیکن مجھے لگتا ہے کو قدرت نے ہمیں جڑواں بھائی بنایا ہے۔ جن صبر آزما

حالات سے آپ ۶۲ برس کی عمر میں پاکستان جا کر نبرد آزما ہوئے، سترہ برس کی عمر میں پاکستان سے ہندوستان آ کر میں نے خود کو ایسے ہی حالات سے دوچار پایا۔ فرق صرف یہ ہے کہ میرا بچپن ایک sheltered childhood تھا۔ گھر میں کسی چیز کی کمی نہیں تھی، لیکن تقسیم وطن کے وقت جبری نقل مکانی، ہندوستان کو روانگی، اور راستے میں ٹرین پر بلوائیوں کے ہاتھوں اڑتالیس برس کی عمر میں باپ کا قتل اور بڑا بیٹا ہونے کے ناتے سے بیوہ ماں اور دو چھوٹے بہن بھائیوں کی ذمہ داری نے مجھے وقت سے پہلے ہی جوانی اور جوانی سے بھی آگے، ادھیڑ عمر کی دہلیز پر لا کھڑا کیا ہے۔۔۔ کیا آپ نہیں سمجھتے کہ آپ مجھ سے زیادہ خوش قسمت رہے ہیں؟" جواب ایک مصرعے کی شکل میں تھا۔ "دیتے ہیں بادہ ظرف قدح خوار دیکھ کر!" ۔۔۔ تفصیل میں جانے کی ضرورت نہیں۔ ادب اگر ایک شوقیہ مشغلہ ہو، تو یقیناً ادیب کے بھلے کی بات ہے، لیکن اگر آپ اس کو ذریعہ معاش بنا کر اس سے دال روٹی کا بندوبست کرنا چاہیں، تو بارہ بارہ گھنٹے روزانہ قلم گھسانے کے باوجود آپ چپڑی ہوئی روٹی نہیں کھا سکتے۔ شوکت یقیناً مجھ سے کم بد قسمت تھے، لیکن کراچی میں ان کے شروع کے برس بے حد تکلیف دہ تھے۔ رہنے کے لیے مکان نہیں تھا۔ کوئی ذریعہ معاش نہیں تھا۔ اس پر طرّہ یہ کہ انجمن ترقی پسند مصنفین کے سرگرم کارکن کے طور پر حکومت وقت کی نظر میں کھٹکتے تھے۔ تب پچاس روپے تک ایک افسانے کا معاوضہ مل جاتا تھا، لیکن کچھ رسائل سے ہی، اور وہ بھی بار بار کے تقاضے کے بعد۔ اسی پر گذر اوقات تھی۔ ۱۹۵۲ء میں ایک مجموعہ "تیسرا آدمی" چھپا۔ سر فہرست وہی کہانی تھی جو پہلے احمد راہی کی ادارت میں چھپنے والے مجلّے "سویرا" میں شائع ہوئی

تھی اور اہل نقدہ نظر سے خراج تحسین حاصل کر چکی تھی۔

کچھ حالات نے کروٹ لی یا کیا ہوا کہ اگست ۱۹۵۲ء میں شادی کے بعد اپنے خسر ڈاکٹر سعید خان کی کمال مہربانی سے تین کمروں کا ایک مکان بطور ہدیہ مل گیا اور ایک غیر ملکی فرم میں ملازمت بھی۔ لیکن طبیعت کلرکی کی طرف مائل نہیں تھی۔ اس لیے ملازمت چھوڑ دی۔ اب یکے بعد دیگرے اردو اور انگریزی روزناموں اور ہفتہ وار رسالوں سے وابستگی، علے حدگی، اور دوبارہ وابستگی کا ایک طویل سلسہ چل نکلا۔ ایڈیٹر اور نیوز ایڈیٹر کے طور پر "پاکستان اسٹینڈرڈ"، "ٹائیمز آف کراچی"، "مارننگ نیوز"، دوبارہ ٹائیمز آف کراچی سے بطور قائم مقام ایڈیٹر انسلاک، پھر "انجام" کراچی کے میگزین ایڈیٹر ،۱۹۶۹ء میں ہفت روزہ "الفتح" کے نگران۔ ۱۹۷۲ میں روزانہ "مساوات" کے پہلے ایڈیٹر۔ "مساوات" پیپلز پارٹی کا اخبار تھا، لیکن شوکت صاحب نے کالم نگاری تک ہی اپنی سرگرمیاں محدود رکھیں۔ ۱۹۸۴ ءکے لگ بھگ صحافت سے کنارہ کشی۔

تو صاحبو، جس شخص کے بارے میں ایک بار کسی نے کہا تھا کو وہ سوتے ہوئے بھی ایک قلم سرہانے، ایک قلم ٹیبل لیمپ کے ساتھ اور ایک کان میں اٹکا کر رکھتا ہے، اس کے لیے کیا یہ ممکن نہیں تھا کہ اپنے گوناگوں صحافتی سرگرمیوں کے ساتھ ساتھ تخلیقی کام بھی جاری رکھتا؟

کسب کمال کی جادو گری

ان برسوں میں افسانوں کے چار مجموعے چھپے۔ "تیسرا آدمی" ۱۹۵۲ ئ، "اندھیرا اور اندھیرا" ۱۹۵۵ئ، "راتوں کا شہر"۱۹۵۶ءاور "کیمیا گر"۱۹۸۴ء۔

ناول "خدا کی بستی" ۱۹۵۸ء میں شائع ہوا۔۔اس کی بھی ایک داستان ہے، جو صرف میرے حوالے سے ہے۔ ان دنوں پاکستانی کتابوں کے pirated edition ہندوستان میں اور ہندوستانی اردو کتابوں کے پاکستان میں عموماً چھپتے رہتے تھے اور کوئی کسی کو رائلٹی تو کجا، ایک جلد کتاب کی بھی نہیں بھیجتا تھا۔ میں ان دنوں تنگ دستی کی وجہ سے اردو افسانوں اور ناولوں کے ہندی میں ترجمے کیا کرتا تھا، جو اشاعتی اداروں "ساہیتہ سنگم" اور "ساہیتہ پرکاشن" مالی واڑہ، نئی سڑک، دہلی سے چھپتے تھے۔ جب "خدا کی بستی" کا ایک مسروقہ اردو ایڈیشن دہلی سے چھپا تو مجھے پنڈت یگیہ دت شرما، مالک ساہیتہ پرکاشن نے پیشکش کی کہ میں ایک ہزار روپے کے عوض اس کا ہندی میں انوواد کر دوں۔ میں نے دن رات محنت کر کے ایک ماہ میں کام مکمل کر دیا اور خدا کی بستی کا ہندی ایڈیشن اسی عنوان سے چھپ گیا۔ تب شوکت 'ٹائمز آف کراچی' سے منسلک تھے میں نے انہیں وہاں اطلاع دی اور مطبوعہ کتاب کی ایک جلد بھی بھیج دی۔ ایک دن مجھے کراچی سے ایک لفافہ موصول ہوا، جس میں ساہتیہ پرکاشن کی طرف سے شوکت صدیقی کے نام ایک ہزار روپے کا چیک تھا جو یگیہ دت شرما نے انہیں رائلٹی کے طور پر بھیجا تھا، ساتھ یہ شوکت صاحب کا مختصر رقعہ تھا کہ یہ چیک وہ وہاں کیش نہیں کروا سکتے اور میں اس رقم کو پبلشر سے لے کر اپنے کام میں لاؤں۔ پنڈت جی سے بات کرنے کے بعد انہوں نے بمشکل تمام مجھے سات سو روپے دیے۔ میں یہ رقم شوکت صاحب کو نہ بھیج سکا اور بات وہیں ختم ہو گئییہ ایک دوسری کہانی ہے کہ ۲۰۰۰ء میں جب میں کچھ دنوں کے لیے کراچی پہنچا تو جمیل الدین عالی صاحب نے کلب میں میرے لیے

ایک پارٹی دی۔ شوکت وہاں موجود تھے اور بیتابی سے میرے آنے کا انتظار کر رہے تھے۔ (میں ڈاکٹر فہیم اعظمی، مدیر "صریر" کے ہاں ٹھہرا ہوا تھا اور وہی مجھے لے کر گئے تھے)۔ باتوں باتوں میں میری ہندی میں لکھنے کی بات ہوئی اور میں نے شوکت صاحب کو یاد دلایا کہ میں ان کا سات سو روپوں کا مقروض ہوں۔ کیا میں یہاں آپ کو وہ روپے پیش کر دوں؟ ہم لوگ اس پر بہت ہنسے اور تب میں نے ساری کہانی دوستوں کے گوش گذار کی۔

تین دیگر ناول جو شائع ہوئے ان میں "کمین گاہ" کی پہلی اشاعت ساٹھ کی دہائی میں ہوئی لیکن مکمل ناول ۱۹۸۴ء میں چھپا۔ "جانگلوس" جو قسط وار "سب رس" میں چھپتا رہا، بارہ برسوں میں مکمل ہوا۔ ایک اور نامکمل ناول "چار دیواری" کی تکمیل ۱۹۹۰ء ہوئی۔ تنقید نگاروں کے مطابق یہ ان کی ایک کمزور تخلیق ہے۔ فکشن کے ایک ناقد نے تو یہاں تک لکھا: "شوکت صدیقی کی میں تخلیقی نمو اب ختم ہو چکی ہے۔" اگر تخلیقی نمو سے اس محترم نقاد کا مطلب creative urge ہے، تو یہ بات غلط ہے، کیونکہ شوکت صدیقی نے اس ناول کے بعد بھی، اور اس کے زیر قلم ہونے کے وقفے میں بھی، اور بہت کچھ لکھا اور اس میں "تخلیقی نمو" کی کمی نہیں ہے!

حقیقت نگار؟ نہیں، سچ نگار!

"۴۱۹۵۸۴_۰۰۱" چلو میاں آنند، میں خود سے کہتا ہوں، آؤ دیکھیں کہ قلم کے اس دھنی کو اس کی کون سی خصوصیات اس کے ہم عصروں سے ممتاز بناتی ہیں۔ کیا وجہ ہے کہ ساٹھ برسوں کے اس تخلیقی سفر میں اس کے پاؤں پڑاؤ پر پڑاؤ طے کرتے ہوئے آگے ہی آگے بڑھتے رہے ہیں۔ کچھ لوگ چپوؤں کو کھلا چھوڑ دیتے

ہیں کہ اب محنت کی ضرورت نہیں ہے۔ کچھ لوگ آخری سانس تک فعال رہتے ہیں۔

پہلی بات جو شوکت صدیقی کے بارے میں وثوق سے کہی جاسکتی ہے وہ یہ ہے کہ اس نے حقیقت نگاری کا دامن کبھی ترک نہیں کیا۔ زندگی؟ ہاں زندگی! لیکن وہ زندگی جو کہ ہے، یعنی وہ زندگی جو لمحہ موجود میں لوگ جی رہے ہیں، نہ کہ وہ زندگی جو اشتراکیت کے حامی ترقی پسند تحریک کے دیگر اہل قلم کے موقف کی بنیاد پر ' ہونی چاہیے، لیکن نہیں ہے۔' اس معاملے میں وہ کرشن چندر سے اتنا ہی دور ہے جتنا ایک افق دوسرے افق سے ہوتا ہے، کوئی idealism نہیں ہے، نثر میں شاعری کرنے کی کوئی کوشش نہیں ہے۔ کرداروں کی بُنت، واقعات کا تسلسل، زبان و بیان، یعنی اسلوب -۔ تینوں سطحوں پر شوکت صدیقی اپنے دھیمے لہجے میں واقعات بیان کرتا ہوا، یا کرداروں کے منہ سے ان کا لیکھا جوکھا کہلواتا ہوا آگے بڑھتا ہے۔ کہیں تندی، تلخی نہیں، کہیں ترشی نہیں۔ سیدھا سادہ، لیکن سپاٹ ہو جانے سے بچتا ہوا، نرم آنچ کی طرح کا لہجہ ہے، کرشن چھندر کی رومانیت ہیں، خواجہ احمد عباس کی ڈرامہ سازی نہیں۔ آس پاس، بلکہ آس پڑوس کی زندگی کی تلخیاں، نامرادیاں، بے حوصلگیاں،۔۔ سب رفتہ رفتہ، دھیمے لہجے میں بیانیے کی سرحد کو چھوتی ہیں۔ شعوری یا لاشعوری رو کی طرح سطح کو چیر کر نیچے نہیں اترتیں۔ قاری کو ایک غواص کی طرح معنی کے موتی تلاش کرنے میں غوطہ خوری نہیں کرنی پڑتی۔ رمزیت اور علامت نگاری پر انحصار نہیں ہے، لیکن مصنف کو اپنی بات اس شدت اور تاثر سے کہنے کا ڈھنگ آتا ہے، کہ اس میں غم و غصہ نہیں ہے، رومان کی چاشنی نہیں ہے، ڈرامائی

اتار چڑھاؤ کی بناوٹ نہیں ہے۔

تو صاحبو، یہ طرز تحریر آرائش وزیبائش کا دشمن ہے اور ہمیشہ یہی خدشہ لاحق رہتا ہے کہ بیانیہ سپاٹ اور عامیانہ نہ ہو جائے۔ لیکن شوکت صدیقی ایک منجھا ہوا کہانی کار ہے اور زر نگاری سے پرہیز کے باوجود وہ کہانی کو سپاٹ نہیں ہونے دیتا۔ کہانی کا اسٹرکچر مضبوط رہتا ہے۔ کردار زندہ اشخاص کی طرح ابھر کر سامنے آتے ہیں۔ ماحول وہی جیتا جاگتا، دائیں بائیں، دیکھا بھالا ہوا ہے، جو ہم روز مرہ کی زندگی میں دیکھتے ہیں۔

رومانیت کی اس کمی کو محسوس بھی کیا گیا قرۃ العین حیدر کے "آگ کا دریا"، اور "میرے بھی صنم خانے" چھپنے کے بعد یہ خیال کیا جانے لگا تھا، کہ اب اردو میں اشاریت، علامت نگاری، فلسفیانہ بحث و مباحثے کے بغیر کوئی ناول بڑا نہیں کہلائے گا، لیکن ایسا نہیں ہوا۔ "خدا کی بستی" کے لاتعداد ایڈیشن چھپے۔ "تیسرا آدمی" کو اردو کی دس بہترین کہانیوں میں شمار کیا جاتا ہے۔ "خدا کی بستی" کو PTV نے دوبار فلمایا اور نشر کیا۔ کہا جاتا ہے کہ جس شام اس کی قسط ٹیلے کاسٹ کی جاتی تھی، لوگ گھروں میں ٹی وی سکرین کے سامنے بیٹھ جاتے تھے۔ مجھے تو علم نہیں کہ "جانگلوس" اور PTV کے مابین کیا جھگڑا ہوا لیکن اسے شروع کر کے چند اقساط کے بعد ہی بالائے طاق رکھ دیا گیا۔ شاید کچھ لوگوں کے چہرے بے نقاب ہو جانے کا ڈر تھا!

شوکت صدیقی کے فن کی سب سے بڑی خوبی اس کا سچ ہے۔ حقیقت نگاری ایک مہمل اصطلاح ہے کیونکہ پریم چند کے بعد ترقی پسندوں نے اسے اپنے مقاصد کے لیے استعمال کیا۔ کیا 'سچ نگاری' ایک اصطلاح کے طور پر نہیں برتی جاسکتی؟ یعنی

اگر ناسخ کی روح کو تکلیف نہ ہو، تو ایک ہندوستانی اور ایک فارسی لفظ کو اکٹھا کر دیا جائے۔ "سچ" جمع "نگاری"۔ واللہ کیا خوبصورت اصطلاح ہے! اور ہم اس اصطلاح سے شوکت صدیقی کے فن کو اپنے مٹھی میں لے کر کہہ سکتے ہیں، کہ یہ "سچ نگاری" ہے اور اس طرح ہم شوکت صدیقی کو بجائے حقیقت نگار کہنے کے "سچ نگار" کہہ سکتے ہیں!

***

۹

مولانا رومی: ایران سے ہالی وڈ تک

جب مولانا رومی تصوف سے چھلکتی ہوئی اپنی شاعری سے صرف ایران ہی نہیں، بلکہ سارے عالم اسلام کو اپنا گرویدہ بنا رہے تھے تو کیا کولمبس نے امریکا دریافت کر لیا تھا یا نہیں، سوال یہ نہیں ہے۔ سیدھا سادہ سوال یہ ہے کہ مولانا جلال الدین رومی کو ایران سے چل کر امریکا تک پہنچنے میں اتنی صدیاں کیوں لگیں؟ دیر آید درست آید! خبر یہ ہے کہ اب اکیسویں صدی میں مولانا کے یہاں پہنچتے ہی جیسے سارا امریکا ان کے سامنے بچھ گیا ہو۔ اس کی اکلوتی وجہ یہ ہے کہ امریکا میں کسی بھی شاعر، فنکار، ایکٹر، رقّاص، یا گلوکار کو قبول عام کی سند حاصل کرنے کے لیے اس عظیم ملک کے شو بز show biz کے مرکز یعنی ہالی وُڈ کا دروازہ کھٹکھٹانا پڑتا ہے۔ مولانا رومی جیسا مقدّر تو کوئی ہی رکھتا ہو گا، کیونکہ ان کی "با ادب با ملاحظہ ہوشیار!" آمد کی خبر سنتے ہی ہالی ووُڈ کے دروازے ان کے لیے وا ہو گئے، خوش آمدید کے زرّین قالین بچھ گئے اور اب وہ اپنے صوفیانہ کلاہ اور ریش دراز کے ساتھ قبول عام کی کرسیٔ صدارت پر جلوہ افروز ہیں۔

کچھ سال پہلے ہی امریکا کے 'پاپ کلچر' Pop Culture کے ایک نئے ہندوستانی نژاد گرو نے مولانا رومی کی شاعری کو انگریزی کے جدید امریکی روزمرہ یعنی عام بول چال کی street language میں ترجمہ کرنے کے بعد انہیں ہالی وڈ کے چوٹی کے موسیقاروں اور گلوکاروں کے تعاون سے اک CD کی شکل میں جب پیش کیا تو ہالی وڈ تو کیا، پورا شمالی امریکا مولانا کے قدموں تلے بچھ گیا۔ یہ ہیں پاپ کلچر اور یوگا ابھیاس کے جانے مانے ہوئے گرو دیپک چوپڑا جنہیں ہالی وڈ کی ماڈل حسیناؤں، چوٹی کے پروڈیوسروں، اداکاروں اور کروڑ پتی فلم سازوں کی سرپرستی حاصل ہے۔

اس سی ڈی کے کتنے ہزار یا کتنے لاکھ البم اب تک بک چکے ہیں، اس کا کوئی اندازہ نہیں ہے۔ بزنس کے ماہر یار لوگوں نے کتنی جعلی C.Ds بنائی ہیں اس کا بھی کوئی اندازہ نہیں ہے۔ ہاں، اندازہ ہے تو اس بات کا ہے کہ یہ سی ڈی ہر اس گھر میں موجود ہے جو دیپک چوپڑا یا گلوکارہ میڈانا کا گرویدہ ہے، جس نے مولانا رومی کی "شاعری" کو اپنی آواز کا جادو عطا کیا ہے۔

"۲" اس سی ڈی کا نام Gift of Love ہے۔ مولانا رومی کے شعروں کا ترجمہ گیتوں کی شکل میں کیا گیا ہے اور مترجم ہیں: ڈاکٹر دیپک چوپڑا! ڈاکٹر صاحب پنجابی نژاد ہیں اور امریکا میں یوگا سکھانے والے گرو کے طور پر ان کی شہرت مسلّمہ ہے۔ یوگا ابھیاس کے درجنوں سینٹر ان کی رہنمائی میں چلتے ہیں اور یہ ایسے ٹریننگ کیمپ بھی آرگنائز کرتے ہیں جن میں دولتمند بوڑھی عورتیں اور مرد اپنی گئی گذری جوانی

کو دوبارہ واپس لانے کے جتن کرتے ہیں۔ ہالی ووڈ کی حسینائیں اپنی جوانی کو سدا بہار رکھنے کے لیے لاکھوں ڈالر دے کر ان سے یوگا کی تربیت لیتی ہیں۔ ڈاکٹر چوپڑا ایک کامیاب ناول نگار بھی ہیں۔ ان کے ناول ادبی لحاظ سے کہتر ہونے کے باوجود خوب بکتے ہیں کیونکہ یہ ناول عام طور پر ہندو مت کی روحانی تعلیمات کا رشتہ مغرب کی مادی اقدار سے جوڑنے کے مرکزی خیال پر انحصار رکھتے ہوئے ان عجیب و غریب واقعات اور کرداروں پر مبنی ہوتے ہیں، جنہیں امریکی قارئین شوق اور انہماک سے پڑھتے ہیں۔

"گفٹ آف لو" کی تیاری میں جن اہم ہستیوں نے کاروباری سطح پر ڈاکٹر چوپڑا کو تعاون دیا ان میں مقبول و معروف موسیقار فلپ گلاس کا نام سر فہرست ہے۔ گلوکاروں میں کچھ نام تو بین الاقوامی شہرت کے حامل ہیں۔ ان میں شہرہ آفاق گلوکارہ میڈانا بھی شامل ہے، جس کے بارے میں کہا جاتا ہے کہ اپنی جوانی کو سدا بہار، شاداب اور تر و تازہ رکھنے کے لیے وہ جس یوگا ابھیاس کی مرہون منّت ہے، وہ دیپک چوپڑا صاحب کا ہی سکھایا ہوا ہے۔ دیگر شرکاء میں مارٹن شین، گولڈی ہان اور ڈیمی مور ہیں، اور ان کے نام اس بات کی گارنٹی ہیں کہ سی ڈی کے گانے اعلیٰ پائے کے ہیں۔

اب آئیں، وہ سوال پوچھیں جو آپ کے اور میرے دل میں کانٹے کی طرح کھٹک رہا ہے۔ وہ کیا جادو ہے جو اتنی صدیوں کے بعد سر چڑھ کر بول رہا ہے؟ مولانا رومی تو شمس تبریز کی طرح ایک بزرگ صوفی شاعر تھے۔ ان کا دیپک چوپڑا صاحب

اور ہالی ووڈ کے کروڑ پتی اداکاروں اور ڈائریکٹروں سے کیا واسطہ ؟ کہیں کچھ دال میں کالا ہے۔ آیئے، اسے تلاش کریں۔ صورتحال یہ ہے کہ آج سے لگ بھگ دو صدیاں پیشتر جب فٹز جیر الڈ نے عمر خیام کی رباعیات کا ترجمہ کیا تو ایک ایسے غلط تصور کی بنیاد پڑی، جو آج تک قائم ہے۔ تب یہ فرض کر لیا گیا کہ عرب اور عجم کی جملہ شاعری صرف ایک قدر راسخ سے وابستہ ہے، اور وہ ہے شراب وشباب یا حسن و عشق۔ اس سے قبل بھی الف لیلہ اور امیر حمزہ کی داستانوں کے ترجمے جب انگریزی میں ہوئے تو یہی تصور پختہ ہوا کہ مشرق وسطیٰ کے لوگ اسی مقولے پر کاربند "ا"ہیں: بابر؟ بہ عیش کوش کہ عالم دوبارہ نیست! اور اس خطّے کا ادب بڑی حد تک عیش و عشرت اور حسن پرستی کے موضوعات کو ہی لے کر لکھا گیا ہے۔

یہ ۱۹۹۵ عیسوی کے وسط کی بات ہے کہ یونیورسٹی آف جارجیا کے پروفیسر کولین بارکس نے رومی کی غزلوں اور رباعیوں کو انگریزی میں ترجمہ کیا۔ ان کی کتاب کا نام The Essential Rumi تھا۔ کہا جاتا ہے کہ اس کتاب کی اب تک پانچ لاکھ جلدیں فروخت ہو چکی ہیں، لیکن پروفیسر بارکس پہلے اسکالر نہیں ہیں جنھوں نے مولانا رومی سے مصافحہ کیا ہو۔ یہ آج سے آٹھ برس پہلے کی بات ہے۔ راقم الحروف تب یونیورسٹی آف دی ڈسٹرکٹ آف کولمبیا واشنگٹن ڈی سی سے منسلک تھا۔ پروفیسر کولین بارکس سے ایک ٹیلیفون انٹرویو کے لیے استدعا کی تو وہ مان گئے۔ بات چیت کے دوران انھوں نے ایک عجیب و غریب داستان سنائی جس کا خلاصہ یہ ہے۔

یوں ہوا، انہوں نے بتایا، کہ ایک دن ان کے پاس معروف امریکی شاعر رابرٹ بلائی آئے۔ ان کے ہاتھ میں ایک کرم خوردہ کتاب تھی۔ یہ انیسویں صدی میں مطبوعہ مولانا رومی کی غزلیات اور رباعیات کا ایک ترجمہ شدہ مجموعہ تھا۔ بلائی نے انہیں کندھوں سے پکڑ کر کرسی پر بٹھایا اور کہا، "جب تک میں اس کتاب سے پڑھتا رہوں گا، تم کرسی سے اٹھو گے بھی نہیں اور کچھ بولو گے نہیں!"

ایک استفسار کے جواب میں کول مین بارکس نے کہا، "میں کرسی سے کیسے اٹھ سکتا تھا؟ جب تک رابرٹ بلائی مجھے پڑھ کر سناتا رہا، میں مبہوت سا، خمار اور نشے کی حالت میں بیٹھا سنتا رہا۔" اور تب رابرٹ بلائی نے جیسے تحمکانہ لہجے میں مجھے کہا، "یہ الفاظ پنجرے میں بند پرندوں کی طرح پھڑ پھڑا رہے ہیں۔ انہیں ان کے پنجرے سے آزاد کر دو!"

The Essential Rumi کا جنم اس گفتگو کے ایک برس کے بعد، یعنی ۱۹۷۵ میں ہوا۔ اور وہی کتاب "ملآئے رومی" (ن۔م۔راشد) اب اتنے لاکھ جلدوں میں فروخت ہو چکی ہے۔ اب حالت یہ ہے کہ انٹرنیٹ پر رومی سے متعلق درجنوں ویب سائیٹس موجود ہیں۔ شائقین آن لائن کتب فروشوں، مثلاً "ایمے زان" سے اسے خرید سکتے ہیں۔ رسالوں، اخباروں، نیوز لیٹرز اور فلائیرز سے "ملائے رومی" کے بارے میں نئی نئی باتیں سیکھنے کو ملتی ہیں۔ Nigel Watts کی ایک ڈاکومائنٹری The Way of Love اسی سلسلے یعنی مولانا رومی کو کمرشلائز کرنے کی ایک کڑی ہے۔

"monsters-of-grace" وہ جادو کیا ہے جو مولانا رومی کی شاعری میں سر چڑھ کر بولتا ہے اور جس نے مغرب کے عیش پرست اور لادین اشرافیے کو اپنا گرویدہ بنالیا ہے۔ میں ٹورونٹو (کینیڈا) کے نواحی قصبے کیمبرج میں رہتا ہوں اور مجھے ٹورونٹو تک اپنی کار میں جانے کے لیے صرف پنتالیس منٹ درکار ہیں، اس لیے جب اخبارات میں یہ اشتہار چھپا کہ رائے تھامسن ہال میں مولانا رومی کی شاعری پر مبنی ایک میوزیکل شو پیش کیا جارہا ہے تو میں بھی پچیس ڈالر کا ٹکٹ خرید کر وہاں پہنچ گیا۔ شو کا نام تھاMonsters of Graceجو کہ بجائے خود ایک معّمہ تھا کیونکہ 'گریس' اور 'مانسٹرز' بعد المشرقین ہیں۔ کمپوزر فلپ گلاس؟ اور ڈائریکٹر رابرٹ ولسن؟ (جن کا ذکر پہلے آچکا ہے) بنفس نفیس موجود تھے۔ یہ ایک ویکلی انگریزی اخبار کے کالم نگار ہونے کا چمتکار تھا یا میرا نام اردو کے شاعر کے طور پر ہی اتنا معروف تھا کہ مجھے اسٹیج کے پیچھے ان سے دو چار منٹ گپ شپ کرنے کا موقع مل گیا۔ مجھے پتہ چلا کہ اس شو میں پیش کی جانے والی غزلیات اور رباعیات The Essential Rumiسے ہی اخذ کی گئی ہیں۔

Where Everything is Music عنوان تھا پہلی قرات کا۔ عرب کا لامحدود صحرا اس کا پس منظر تھا، جو ۳- D میں اسٹیج کے عقبی پردے پر ابھارا گیا تھا۔ (یہ خیال صرف مجھ جیسے شخص کو ہی آسکتا تھا کہ مولانا رومی کا وطن ایک سر سبز و شاداب چمن کی طرح تھا اور عرب کے ریگزاروں سے اس کا دور کا واسطہ بھی نہیں تھا، لیکن گورے کینیڈین یا کینیڈا میں مقیم بھیڑ چال چلنے والے نو دولتیے ہندوستانی

اور پاکستانی یہ کہاں سمجھتے تھے!) اسے اردو مشاعروں کے ترنم میں فارسی اور انگریزی کی مخلوط زبان میں گایا گیا تھا۔ شو کے ختم ہونے پر میں نے کچھ لوگوں سے سوالات کیے۔ مثلاً میں نے پوچھا۔ کیا آپ تصوّف یا صوفی ازم کے بارے میں کچھ جانتے ہیں؟ جواب تھا، نہیں، میں اس لفظ سے واقف نہیں ہوں۔ سوال تھا، تو پھر قبلہ آپ کیا سننے یا دیکھنے کے لیے یہاں آئے؟ جواب تھا۔ شاعری اور موسیقی!

او گاڈ! کیا لوگ تھے یہ تیرھویں صدی میں! کیا خوبصورت کنیزیں تھیں! میرے خیال میں شراب کی تو شہروں میں نہریں بہتی ہوں گی! اور اغلام! کیا یہ سب لوگ gay تھے؟------ مجھے ابکائی آگئی لیکن میں نے خود پر قابو پالیا۔

یہ البم اب لاکھوں گھروں تک رسائی حاصل کر چکا ہے۔ بہت سے نغمے مشرق وسطیٰ کے صحرائی ساز یعنی اکتارے کی سحر کن موسیقی سے شروع ہوتے ہیں۔ ایسے لگتا ہے جیسے صحراؤں کے خانہ بدوش لوگوں کی یادیں جو کہیں ہمارے لاشعور میں محفوظ ہیں، بیدار ہو گئی ہوں۔ اگر میں یہ کہوں کہ میں خود ہال کے اندر بیٹھے ہوئے کچھ دیر کے لیے اس طلسم ہوش ربا میں کھو گیا تھا تو یہ غلط نہیں ہو گا۔ دیپک چوپڑا کی اپنی آواز بری نہیں ہے۔ اس کی آواز میں جب نغمے کا مکھڑا سن پڑتا ہے تو نشّہ سا آ جاتا ہے۔

My heart is burning with love
All can see its flames!

یہ سر مدّھم سے شروع ہوتا ہوا، آیتوں کی قرات سا ابھرتا ہے اور پھر مدھم ہوتے ہوئے میڈونا، ہان، بلائتھ ڈینز، اور مارٹن شین کی آوازوں میں تحلیل ہو جاتا

ہے۔ باری باری سے solo یا کبھی کبھی duet میں گلوکار اور گلوکارائیں اس کو اپنی مترنم آواز میں پیش کرتے ہیں۔ لگ بھگ ایک گھنٹے تک یہ سحر آگیں سماں بندھا رہتا ہے۔ میں نے اسٹیج کے پیچھے ہندوستانی ساز دیکھے تھے اور جب میں نے بیک گراؤنڈ میوزک میں ستار، اکتارہ اور بانسری (اور یہاں تک کہ ہارمونیئم بھی) سنا تو مجھے خود یہ احساس ہوا کہ (بقول شخصے) میرے ٹکٹ کے پیسے وصول ہو گئے! ڈاکٹر چوپڑا نے ایک اخباری انٹرویو میں بتایا کہ یہ نغمے لفظ بلفظ ترجمے نہیں ہیں، بلکہ "موڈ" ہیں جو میں نے دوبارہ تخلیق کیے ہیں۔

امریکا میں 'نیوز ویک' کے تبصروں کا ایک اہم مقام ہے۔ اس لیے جب نیوز ویک میں اس البم کو ایک پر معنی لقب سے نوازا گیا تو لوگوں کا اشتیاق اور بڑھ گیا۔ 'نیوز ویک' نے اسے The Love Machine کہا۔ اس ایک انگریزی لفظ Love میں بسیار الاضلاح معانی چھپے ہوئے ہیں، جو تصوف کی روحانی بلندیوں سے لے کر عشق کی سطح مرتفع اور پھر وہاں سے تعشق اور تکمیل نفس کی پستیوں میں جا گرتے ہیں۔

اس سارے عمل میں مولانا رومی (بے چارہ مولانا رومی!) امریکا کے پاپ کلچر میں کھو جاتا ہے۔ اگر میں یہ کہوں تو غلط نہیں ہو گا کہ مغربی موسیقی کے شائقین کے لیے مولانا رومی کا تصوف اگر کچھ معنی رکھتا بھی ہو تو وہ صرف جامعات کے ادب اور موسیقی کے شعبہ جات تک ہی محدود ہے۔ پاپ کلچر کے شیدائیوں کے لیے ایسے البم اور ایسے شو صرف حسن پرستی کا دوسرا نام ہے۔

شاید اس سے دوستوں کو اندازہ ہو کہ قدیم ایرانی اور عربی کلچر کو ایک عام امریکی یا یورپی شہری کس نظر سے دیکھتا ہے۔

***